SV

Band 1135 der Bibliothek Suhrkamp

# Hans-Georg Gadamer
# Über die Verborgenheit
## der Gesundheit

### Aufsätze und Vorträge

Suhrkamp Verlag

Erste Auflage 1993
© Suhrkamp Verlag Frankfurt am Main 1993
Alle Rechte vorbehalten, insbesondere das der Übersetzung,
des öffentlichen Vortrags sowie der Übertragung
durch Rundfunk und Fernsehen, auch einzelner Teile.
Kein Teil des Werkes darf in irgendeiner Form (durch Fotografie,
Mikrofilm oder andere Verfahren) ohne schriftliche Genehmigung
des Verlages reproduziert oder unter Verwendung elektronischer
Systeme verarbeitet, vervielfältigt oder verbreitet werden.
Druck: Nomos Verlagsgesellschaft, Baden-Baden
Printed in Germany

5 6 7 8 9 10 – 05 04 03 02 01 00

# INHALT

Es waren stets besondere Anlässe, die mich bewogen, zu Problemen der Gesundheitspflege und der ärztlichen Kunst mich zu äußern. Die Ergebnisse sind in diesem Bändchen vereinigt. Daß ein Philosoph, der weder Arzt ist noch sich als Patient fühlt, gleichwohl an der allgemeinen Problematik teilnimmt, die sich für das Gesundheitswesen im Zeitalter der Wissenschaft und der Technik stellt, kann nicht verwundern. Nirgendwo treten die Fortschritte der modernen Forschung so sehr in das sozialpolitische Spannungsfeld unserer Zeit wie in diesem Gebiet. Daß es Grenzen der Meßbarkeit gibt, hat uns die Physik unseres Jahrhunderts gelehrt. Auch dies hat in meinen Augen ein hohes hermeneutisches Interesse. Noch mehr gilt das aber, wenn man es nicht nur mit der meßbaren Natur zu tun hat, sondern mit lebenden Menschen. So reichen die Grenzen der Meßbarkeit und überhaupt der Machbarkeit tief in den Bereich der Gesundheitspflege hinein. Gesundheit ist nichts, was man machen kann. Aber was ist Gesundheit überhaupt? Ist sie ebenso sehr Gegenstand wissenschaftlicher Erforschung, wie sie durch ihre Störung Gegenstand für einen selbst wird? Bleibt doch das oberste Ziel, wieder gesund zu werden und damit zu vergessen, daß man gesund ist.
Gleichwohl reicht die Domäne der Wissenschaft ständig in das Leben hinein, und wenn es um Anwendung von wissenschaftlicher Erkenntnis auf die eigene Gesundheit geht, dann ist man selber nicht von wissenschaftlichen Gesichtspunkten allein erreichbar. Da hat jeder seine Erfahrungen und seine Gewohnheiten. Das gilt besonders für die strittigen Randgebiete der medizinischen Wissenschaft selber, für

die Psychosomatik, für die Homöopathie, für die sogenannten »Natürlichen Heilweisen«, für die Hygiene, für die Pharmaindustrie und für alle ökologischen Aspekte. Es gilt nicht zuletzt für die Kranken- und Altersversorgung der Bevölkerung. Die immer ernster werdende Kostenrechnung fordert geradezu gebieterisch, daß die Gesundheitspflege wieder als eine allgemeine Aufgabe der Bevölkerung selber erkannt und wahrgenommen wird.

So sind auch meine hier vorgelegten Beiträge keineswegs nur an die Ärzte gerichtet, vor denen sie als Vorträge zumeist gehalten wurden, und auch nicht nur an die Patienten, sondern überhaupt an einen jeden, der wie wir alle für seine eigene Gesundheit durch seine Lebensweise zu sorgen hat. Damit mündet freilich diese Sonderaufgabe des Menschen in ein weit breiteres Aufgabenfeld unserer hochgezüchteten Zivilisation. Überall sind wir im Besitz eines ebenso bewundernswert wie beängstigend gesteigerten menschlichen Könnens, und es gilt, dasselbe in ein ordnungspolitisches Ganzes einzufügen. Wir haben seit Jahrhunderten versäumt, unsere gesamte Kultur an diese neuen Aufgaben anzupassen. Man braucht sich etwa nur an den Menschheitsoptimismus zu erinnern, der das 18. Jahrhundert beseelte, und ihn mit der Lebensstimmung des ausgehenden 20. Jahrhunderts der Menschen im Massenzeitalter zu vergleichen. Man denke nur an die immense Steigerung der Waffentechnik und des in ihr steckenden Zerstörungspotentials. Man denke an die Gefährdung der menschlichen Lebensbedingungen durch den technischen Fortschritt, dessen Nutznießer wir alle sind. Aber man denke auch etwa an den Waffenhandel, der so wenig kontrollierbar ist wie der Drogenhandel, und man denke nicht zuletzt an die Informationsflut, in der die menschliche Urteilsfähigkeit ertränkt zu werden droht.

8

Die Verborgenheit der Gesundheit ist nur ein kleiner Ausschnitt aus all diesen uns bevorstehenden Aufgaben. Überall geht es um den Ausgleich zwischen Machenkönnen und verantwortlichem Wollen und Tun. Die Probleme der Gesundheitspflege stellen innerhalb dieses Ganzen einen Ausschnitt dar, der jedermann unmittelbar angeht, und daher können wir alle über die Grenzen der Machbarkeiten, die uns Krankheit und Tod lehren, nicht anders als einig sein. Die Sorge um die eigene Gesundheit ist ein Urphänomen des Menschseins.

»Daß alle unsere Erkenntnis mit der Erfahrung anfange, daran ist gar kein Zweifel.«* Dieser berühmte Anfang von Kants ›Kritik der reinen Vernunft‹ gilt ganz gewiß auch von dem Wissen, das wir vom Menschen haben. Da ist auf der einen Seite das Ganze der sich im beständigen Fortschritt mehrenden Ergebnisse naturwissenschaftlicher Forschung, das wir ›die Wissenschaft‹ nennen. Auf der anderen Seite steht das Erfahrungswissen der sogenannten Praxis, wie es ein jeder, der im Leben steht, ständig sammelt, der Arzt wie der Geistliche, der Erzieher, der Richter, der Soldat, der Politiker, der Kaufmann, der Arbeiter, der Angestellte, der Beamte. Und nicht nur in der Berufssphäre dieser aller, sondern ebenso in eines jeden privater und persönlicher Existenz wächst beständig die Erfahrung, die der Mensch mit sich selbst und seinesgleichen macht. Und nochmals strömt ein ganzer ungeheurer Reichtum von Wissen um den Menschen einem jeden aus der Überlieferung der menschlichen Kultur entgegen, aus der Dichtung, aus den Künsten überhaupt, aus der Philosophie, der Geschichtsschreibung und den anderen geschichtlichen Wissenschaften. Gewiß ist solches Wissen ›subjektiv‹, d. h. weitgehend unkontrollierbar und unstabil. Gleichwohl ist es ein Wissen, dem die Wissenschaft ihre Aufmerksamkeit nicht versagen kann, und so ist von jeher, von den Tagen der ›praktischen Philosophie‹ des Aristoteles an bis zu dem romantischen und nachromantischen Zeitalter der sogenannten Geisteswissenschaften, ein reiches Wissen um den Menschen tradiert worden. Im Unterschiede zu den Naturwissenschaften haben aber alle diese

* Kant, Kritik der reinen Vernunft, B 1.

anderen Quellen von Erfahrung eine Gemeinsamkeit, die sie kennzeichnet. Ihr Wissen ist erst Erfahrung, wenn es in das praktische Bewußtsein des Handelnden neu integriert ist.

Hier nimmt die wissenschaftliche Erfahrung eine Sonderstellung ein. Was durch die Methodik der Wissenschaften als gesicherte Erfahrung gelten darf, ist dadurch ausgezeichnet, daß es von jeder Situation des Handelns und jeder Integration in einen Zusammenhang des Handelns grundsätzlich unabhängig ist. Diese ›Objektivität‹ besagt zugleich, daß sie jedem möglichen Handlungszusammenhang zu dienen vermag. Eben das hat in spezifischer Weise in der neuzeitlichen Wissenschaft seine Ausbildung gefunden und das Antlitz der Erde auf weite Strecken hin in eine künstliche menschliche Umwelt umgeprägt. Die in den Wissenschaften aufgearbeitete Erfahrung hat nun nicht nur den Vorzug, für jedermann nachprüfbar und erwerbbar zu sein – sie erhebt auch von sich aus den Anspruch, den sie auf ihr methodisches Vorgehen gründet, die einzig gewisse Erfahrung und dasjenige Wissen zu sein, in dem eine jede Erfahrung erst ihre Legitimierung findet. Was sich in der beschriebenen Weise praktischer Erfahrung und Überlieferung außerhalb der ›Wissenschaft‹ an Menschheitswissen sammelt, muß nicht nur der Nachprüfung durch die Wissenschaft unterworfen werden, sondern wenn es derselben standhält, gehört es damit selber in den Forschungsbereich der Wissenschaft. Es gibt prinzipiell nichts, was nicht in dieser Weise der Kompetenz der Wissenschaft unterstünde.

Daß Wissenschaft nicht nur aus der Erfahrung erwächst, sondern ihrer eigenen Methodik nach Erfahrungswissenschaft genannt werden kann – ein Ausdruck, der auf die Wissenschaft erst seit dem 17. Jahrhundert anwendbar ist –, fand auch in der Philosophie der Neuzeit seinen grundsätzlichen Ausdruck. Es wurde im 19. Jahrhundert zur allgemeinen Überzeugung, daß man in das Zeitalter der ›positiven‹ Wissenschaft eingetreten sei und die Metaphysik hinter sich gelassen habe. Dem entspricht nicht nur der philosophische ›Positivismus‹ in allen seinen Spielarten, der Begriffskonstruktion und bloße Spekulation von sich weist – es gilt auch für diejenigen philosophischen Theorien, die wie die kantische ausdrücklich auf die apriorischen Elemente in aller Erfahrung reflektieren. Daher war es eine systematische Theorie der Erfahrung, zu der sich die Philosophie des Neukantianismus ausbildete. Der Begriff des Dinges an sich, dieses ›realistische‹ Element in der kantischen Theorie, wurde vom Neukantianismus – mit Fichte und Hegel – als dogmatisch verworfen bzw. in einen Grenzbegriff der Erkenntnis umgedeutet. Der Gegenstand der Erkenntnis stelle die ›unendliche Aufgabe‹ des Bestimmens (Natorp). Das sei der einzige erkenntnistheoretisch haltbare Sinn von Gegebenheit und Gegenstand: die unendliche Aufgabe. Diese Theorie hat das entschiedene Verdienst, der sensualistischen Begründung der Erkenntnis ihren geheimen Dogmatismus nachzuweisen. Die sogenannte Empfindungsgegebenheit ist nichts Gegebenes, sondern stellt der Erkenntnis ihre Aufgabe. Das einzige ›Faktum‹, das diesen Namen verdient, ist das Faktum der Wissenschaft.

Da gab es nun freilich außertheoretische Geltungsgebiete, etwa den Bereich des Ästhetischen, die ihre Anerkennung forderten und so in der neukantianischen Wissenschaftstheorie die Rede vom Irrationalen aufbrachten. Aber das änderte nichts an der grundsätzlichen Beschränkung alles Erfahrungswissens auf die wissenschaftliche Erfahrung. Nichts, was erfahrbar sein soll, kann der Kompetenz der Wissenschaft entzogen bleiben. Wenn wir irgendwo Unvorhersehbares, Zufälliges, Erwartungswidriges antreffen, so bezeugt sich auch darin noch der Universalitätsanspruch der Wissenschaft. Was den Anschein des Irrationalen besitzt, ist in Wahrheit ein Rand- und Grenzphänomen der Wissenschaft, wie sie sich insbesondere dort zeigen, wo Wissenschaft auf die Praxis Anwendung findet. Was sich in der Praxis als unerwartete und meist unerwünschte Folge der Anwendung von Wissenschaft ergibt, ist in Wahrheit alles andere als die unaufhebbare Irrationalität des Zufalls. Es ist seinem Wesen nach nichts anderes als eine weitere Aufgabe für die Forschung. Der Fortschritt der Wissenschaft lebt von ihrer beständigen Selbstkorrektur, und ebenso verlangt eine auf die Anwendung von Wissenschaft aufgebaute Praxis von der Wissenschaft, daß sie die Zuverlässigkeit der Erwartungen, die in sie gesetzt werden, durch beständige Selbstkorrektur immer weiter steigert.

Aber was heißt hier Praxis? Ist Anwendung von Wissenschaft als solche schon Praxis? Ist alle Praxis Anwendung von Wissenschaft? Wenn auch in alle Praxis Anwendung von Wissenschaft eingeht, so ist sie doch nicht mit ihr identisch. Denn Praxis bedeutet nicht nur Machen dessen, was man alles machen kann. Praxis ist stets auch Wahl und Entscheidung zwischen Möglichkeiten. Sie hat immer schon einen Bezug zum ›Sein‹ des Menschen. Das spiegelt sich etwa in der uneigentlichen Rede: ›Was machst Du denn?‹, die nicht fragt, was man tut, sondern wie es einem geht. Unter diesem Gesichtspunkt zeigt sich ein unaufhebbarer Gegensatz zwischen Wissenschaft und Praxis. Die Wissenschaft ist wesenhaft unabgeschlossen – die Praxis verlangt Entscheidungen im Augenblick. So bedeutet die Unabgeschlossenheit aller Erfahrungswissenschaft nicht nur, daß sie auf Grund ihrer beständigen Bereitschaft, neue Erfahrungen zu verarbeiten, einen legitimen Universalitätsanspruch erhebt, sondern auch, daß sie diesen Universalitätsanspruch nie ganz einzulösen vermag. Die Praxis verlangt Wissen, d. h. aber, sie ist genötigt, das jeweils verfügbare Wissen wie ein Abgeschlossenes und Gewisses zu behandeln. Von *der* Art ist aber das Wissen der Wissenschaft nicht. Eben dadurch unterscheidet sich die neuzeitliche Wissenschaft grundsätzlich von dem älteren Gesamtwissen, das unter dem Namen ›Philosophie‹ ehedem, d. h. vor Beginn der ›Neuzeit‹, jegliches Wissen der Menschheit zusammenfaßte. Das Wissen der ›Wissenschaft‹ ist nicht abgeschlossen, kann daher nicht mehr ›doctrina‹ heißen. Es besteht in nichts anderem als in dem jeweiligen Stande der ›Forschung‹.

Man muß sich die volle Tragweite dessen klarmachen, was mit den Erfahrungswissenschaften und der Methodenidee, die ihnen zugrunde liegt, in die Welt trat. Wenn man ›die Wissenschaft‹ gegen das Gesamtwissen von ehedem abhebt, das aus antikem Erbe stammte und bis ins hohe Mittelalter hinein herrschte, zeigt sich, daß sich beides grundsätzlich geändert hat, der Begriff der Theorie wie der der Praxis. Natürlich gab es immer schon Anwendung von Wissen auf Praxis. So hieß es geradezu: ›Wissenschaften und Künste‹ (*Epistemai* und *Technai*). ›Wissenschaft‹ war überhaupt nur die höchste Steigerung des Wissens, das in der Praxis leitend war. Aber sie verstand sich selbst als reine *theoria*, d. h. als ein Wissen, das um seiner selbst willen und nicht wegen seiner praktischen Bedeutung gesucht wird. Eben damit hat sich hier zuerst, d. h. in der griechischen Idee von Wissenschaft, das Verhältnis zur Praxis als Problem zugespitzt. Während das mathematische Wissen der ägyptischen Geometer oder der babylonischen Sternkundigen selber überhaupt nichts anderes als ein Wissensschatz war, der sich aus der Praxis und für die Praxis angesammelt hatte, verwandelten die Griechen dies Können und Wissen in ein Wissen aus Gründen und damit in ein beweisbares Wissen, dessen man sich um seiner selbst willen, sozusagen aus einer ursprünglichen Weltneugier, zu erfreuen wußte. So entstand die griechische Wissenschaft, sowohl die Mathematik als auch die Aufklärungsbewegung der griechischen Naturphilosophie, und aus demselben Geiste, trotz allem essentiellen Praxisbezug, auch die griechische Medizin. – Damit traten erstmals Wissenschaft und ihre Anwendung, Theorie und Praxis auseinander.

Gleichwohl läßt sich damit das neuzeitliche Verhältnis von Theorie und Praxis, das sich aus der Wissenschaftsidee des 17. Jahrhunderts ergab, kaum vergleichen. Denn nun ist Wissenschaft nicht mehr der Inbegriff des Wissens über Welt und Mensch, wie es die griechische Philosophie, sei es als Naturphilosophie, sei es als praktische Philosophie, erarbeitet und in der kommunikativen Form der Sprache artikuliert hatte. Die Grundlage der modernen Wissenschaft ist in einem ganz neuen Sinne die Erfahrung. Denn mit der Idee der Einheitsmethode der Erkenntnis, wie sie etwa Descartes in seinen ›Regeln‹ formuliert hat, wird das Ideal der Gewißheit zum Maßstab aller Erkenntnis. Als Erfahrung kann nur gelten, was kontrollierbar ist. So wird Erfahrung im 17. Jahrhundert selber wieder eine Prüfungsinstanz, aus der sich die Geltung mathematisch vorentworfener Gesetzmäßigkeit bestätigen oder widerlegen läßt. Galilei etwa hat die Grenze des freien Falles nicht aus der Erfahrung gewonnen, sondern, wie er selber sagt: ›mente concipio‹, d. h., ich entwerfe in meinem Geiste. Was Galilei so entwarf, etwa die Idee des freien Falles, war in der Tat kein Gegenstand der Erfahrung. Das Vakuum existiert nicht in der Natur. Aber was er gerade durch diese Abstraktion erkannte, waren Gesetzmäßigkeiten innerhalb des Geflechts von Kausalbeziehungen, die in der konkreten Erfahrung unentwirrbar ineinandergeschlungen sind. Indem der Geist die einzelnen Beziehungen isoliert und damit ihren genauen Anteil messend und wägend feststellt, legt er die Möglichkeit offen, willentlich Faktoren kausaler Art einzuführen. So ist es nicht sinnlos zu sagen, daß die moderne Naturwissenschaft – unbeschadet des rein theoretischen Interesses, das sie beseelt – nicht so sehr Wissen als Können meint, d. h. Praxis ist. So B. Croce in seiner ›Logica‹ und ›Practica‹. Richtiger schiene es mir freilich zu sagen, daß die Wissenschaft ein auf Machenkönnen gerichtetes Wissen, eine wissende Beherrschung der Natur, d. h. Technik, ermöglicht und daß das gerade nicht Praxis ist. Denn es ist kein Wissen, das aus der Praxis der Lebenssituation und den Handlungsumständen als sich mehrende Erfahrung erworben wird, sondern es ist ein Wissen, das seinerseits einen spezifisch neuartigen Praxisbezug, nämlich den der konstruktiven Anwendung, erst möglich macht. Zur Methodik seines Vorgehens gehört es, auf allen Gebieten die Abstraktion zu vollbringen, die einzelne Kausalbeziehungen isoliert. Sie muß damit die unvermeidliche Partikularität ihrer Kompetenz in Kauf nehmen. Aber was damit ins Leben trat, war ›die Wissenschaft‹, die einen neuen Begriff von Theorie sowohl wie von Praxis mit sich brachte. Das ist ein wahres Ereignis in der Geschichte der Menschheit, das der Wissenschaft einen neuen sozialen und politischen Akzent verlieh.

Man nennt unser gegenwärtiges Zeitalter daher nicht umsonst ein Zeitalter der Wissenschaften. Es sind vor allem zwei Gründe, die diese Aussage rechtfertigen. Einmal hat die wissenschaftlich-technische Beherrschung der Natur erst jetzt Ausmaße angenommen, die unser Jahrhundert qualitativ von früheren Jahrhunderten unterscheiden. Es ist nicht nur dies, daß die Wissenschaft heute der erste Produktivfaktor der menschlichen Wirtschaft geworden ist. Ihre praktische Anwendung hat vielmehr auch grundsätzlich eine neue Situation geschaffen. Sie ist nicht mehr, wie das ehedem im Sinne von *Techne* lag, darauf beschränkt, die von der Natur offengelassenen Möglichkeiten weiterer Formung auszufüllen (Aristoteles). Sie ist zu einer künstlichen Gegenwirklichkeit aufgestiegen. Ehedem ging die Veränderung unserer Umwelt mehr oder minder auf natürliche Ursachen zurück, z. B. Klimaänderung (Eiszeit), Wettereinwirkung (Erosion, Sedimentierung usw.), Trockenperioden, Versumpfung und ähnliches, und nur gelegentlich handelte es sich um Eingriffe von Menschen. Solche waren etwa die Abholzung von Wäldern, die Verkarstung zur Folge hatte, die Ausrottung von Tierarten durch Jagd, die Erschöpfung von Böden durch den Anbau, das Versiegen von Bodenvorkommen nach erfolgter Ausbeutung. Das waren bereits mehr oder minder irreversible Veränderungen. Doch hat sich die Menschheit in solchen Fällen durch Ausweichen in neue Räume gerettet oder hat gelernt, den Folgen rechtzeitig vorzubeugen. Im übrigen trug der Beitrag der menschlichen Arbeit, der des Sammlers, des Jägers oder des Bauern, keine wirkliche Störung in das Gleichgewicht der Natur hinein.

Heute dagegen ist die technische Ausbeutung der Naturschätze und die künstliche Umgestaltung unserer Umwelt so planvoll und umfassend geworden, daß ihre Folgen den natürlichen Kreislauf der Dinge gefährden und irreversible Entwicklungen im großen einleiten. Das Problem des Umweltschutzes ist der sichtbare Ausdruck dieser Totalisierung der technischen Zivilisation. Der Wissenschaft fallen dabei offenkundig Aufgaben von gesteigerter Bedeutung zu, und sie muß dieselben vor dem öffentlichen Bewußtsein vertreten. Denn die Wirkungen unserer technischen Zivilisation beginnen das allgemeine Bewußtsein zu erreichen. Das führt einerseits zu der emotionalen Verblendung, mit der die Öffentlichkeit im Sinne der Kulturkritik auf diese Erscheinungen reagiert. Es gilt, den Bildersturm, der von daher droht, rechtzeitig abzuwenden. Auf der anderen Seite steht der Aberglaube an die Wissenschaft, der die technokratische Unbedenklichkeit stärkt, mit der technisches Können sich hemmungslos ausbreitet. In beiden Richtungen muß die Wissenschaft eine Art Entmythologisierung ihrer selbst betreiben, und zwar mit ihren eigensten Mitteln, der kritischen Information und der methodischen Disziplin. Themen wie Stadt, Umwelt, Bevölkerungswachstum, Welternährung, Altersprobleme usw. nehmen daher in der wissenschaftlichen Thematik unseres Wissens vom Menschen mit Recht einen bevorzugten Platz ein. Die Atombombe erweist sich mehr und mehr als ein bloßer Spezialfall der weltweiten Selbstgefährdung der Menschheit und ihres Lebens auf diesem Planeten, zu der die Wissenschaft geführt hat und zu deren Abwendung sie das ihre zu tun hat.

Aber auch innerhalb der Wissenschaft droht eine ähnliche Gefahr der Selbstzerstörung, die unmittelbar aus der Perfektionierung des modernen Forschungsbetriebes entspringt. Die Spezialisierung der Forschung ist längst über die Allorientiertheit hinweggegangen, die ein enzyklopädisches Wissen noch im 18. Jahrhundert möglich machte. Aber selbst am Anfang unseres Jahrhunderts gab es noch genügend Wege wohlorganisierter Information, die dem Laien die Teilhabe am Wissen der Wissenschaft, dem Forscher die Teilhabe an anderen Wissenschaften weitgehend möglich machte. Inzwischen hat die weltweite Ausdehnung und die steigende Spezialisierung der Forschung zu einer Informationsüberschwemmung geführt, die sich gegen sie selbst kehrt. Der Bibliotheksfachmann denkt heute sorgenvoll darüber nach, wie er die Massen von Information noch speichern und verwalten soll – und verwalten heißt doch hier: weiterleiten –, die jahraus, jahrein beängstigend anschwellen. Der spezialisierte Forscher befindet sich in einer ähnlichen Orientierungsnot, wie sie der Laie im ganzen hat, sobald er über den engsten Bereich seines Arbeitsgebietes hinausblickt. Gerade das aber ist für den Forscher oft nötig, weil er neuen sich stellenden Problemen mit den älteren Methoden seiner eigenen Wissenschaft nicht mehr gerecht zu werden vermag – und vollends bleibt es für den Laien nötig, der für sein politisches Handeln nicht nur gelenkter Information folgen, sondern ein Urteil gewinnen will. So ist in dieser Hochflut von Information die Orientierung für den Laien eine eigentümlich vermittelte und damit abhängige.

Damit kommen wir zu dem zweiten Bereich, in dem die Wissenschaft heute zu einem neuartigen Faktor im menschlichen Leben geworden ist, und das ist ihre Anwendung auf das Leben der Gesellschaft selbst. Heute sind die Sozialwissenschaften im Begriff, die durch Traditionen und Institutionen geprägte Praxis des menschlichen Zusammenlebens grundlegend zu verändern. Die Wissenschaft erhebt den Anspruch, und sie tut das auf der Grundlage des technischen Zivilisationsstandes von heute, auch das gesellschaftliche Leben auf rationale Grundlagen zu stellen und die fraglose Autorität des Althergebrachten zu enttabuieren. Ausdrücklich geschieht das seitens der Ideologiekritik, wenn sie das gesellschaftliche Bewußtsein durch emanzipatorische Reflexion umzuformen sucht, weil sie in den wirtschaftlichen und gesellschaftlichen Herrschaftsverhältnissen repressive Zwänge am Werke sieht. Wirksamer noch ist, weil sie einen jeden erreicht, die lautlose Form, in der immer weitere Gebiete des menschlichen Lebens technischer Beherrschung unterworfen werden und rationale Automatismen an die Stelle der persönlichen Entscheidung des einzelnen und der Gruppe treten.

Das ist eine grundlegende Veränderung unseres Lebens. Sie ist um so bemerkenswerter, als es sich hier weniger um den wissenschaftlich-technischen Fortschritt als solchen handelt als um die entschlossene Rationalität in der Anwendung der Wissenschaft, die die Beharrungskraft der Gewohnheit ebenso wie alle Hemmungen ›weltanschaulicher‹ Art mit neuer Unbefangenheit überwindet. Vordem blieben die Wirkungen, zu denen uns die neuen Möglichkeiten des wissenschaftlichen Fortschritts in Stand gesetzt hatten, auf Schritt und Tritt durch die Normen eingeschränkt, die unbefragt und selbstverständlich in unserer kulturellen und religiösen Tradition in Geltung waren. Man denke etwa daran, welche Emotionen durch den Streit um den Darwinismus ehedem ausgelöst worden sind. Ehe hier eine leidenschaftslos sachliche Diskussion möglich wurde, hat es Jahrzehnte gedauert, und noch heute bewegt der Darwinismus die Gemüter. Zwar ist die naturwissenschaftliche Erkenntnis Darwins heute unbestritten, aber ihre Anwendung, etwa auf das Sozialleben, bleibt mannigfachen Einwendungen ausgesetzt. Ohne in diesem Falle zu der Sachfrage Stellung zu nehmen, wird man doch grundsätzlich feststellen dürfen, daß die Anwendung wissenschaftlicher Erkenntnisse auf Gebieten, in denen das auf dem Spiele steht, was man heute das Selbstverständnis des Menschen nennt, nicht nur oft zu Konflikten führt, sondern grundsätzlich außerwissenschaftliche Momente ins Spiel bringt, die ihr eigenes Recht verteidigen.

So sieht man heute die Wissenschaft selber mit unserem menschlichen Wertbewußtsein in Konflikt geraten. Ich denke etwa an die schauerlichen Perspektiven, welche auf Grund der modernen Genetik in der Richtung auf Erbgutveränderung und gezielte Züchtung entwickelt worden sind. Das hat zwar nicht die dramatische Schlagkraft, die der Darwinismus ehedem hatte. Es hat auch nicht die grauenhafte Anschaulichkeit, wie sie der Einsatz von Atomenergie zur Zerstörung von Menschenleben in Hiroshima hatte. Aber im Bewußtsein des Forschers meldet sich seither selber die Mahnung, daß er eine gesteigerte Verantwortlichkeit für die Zukunft des Menschen besitzt.

Wenn wir uns fragen, wie sich diese allgemeine Lage unseres Bewußtseins in den anthropologisch-philosophischen Frontstellungen spiegelt, welche die heutigen Forscher auf diesem Felde einnehmen, so ist die Antwort sehr uneinheitlich. Ein gewisser mehr oder minder offenkundiger Gesichtspunkt ist dabei die Kritik an der traditionellen Behauptung von der Sonderstellung des Menschen im Kosmos, die sich vor dem Fortschritt der naturwissenschaftlichen Erkenntnis mehr und mehr als ein theologisches Restvorurteil entlarvt. Es spielt in die Thematik unseres Wissens vom Menschen überall hinein, wo es um die relative Auszeichnung des Menschen gegenüber den Tieren geht. Genau das dürfte der Grund sein, warum heute die Verhaltensforschung sich einer ungewöhnlichen Resonanz in der Öffentlichkeit erfreut, ehedem schon Uexküll, heute Lorenz und seine Schüler.

Niemand kann sich heute einbilden, wir vermöchten die Integration wirklich zu vollziehen, nach der wir für unser Wissen vom Menschen verlangen. Unsere Erkenntnisfortschritte unterliegen dem Gesetz zunehmender Spezialisierung, d. h. auch der zunehmenden Erschwerung ihrer Zusammenfassung. Das Handeln des Menschen, d. h. der bewußte Einsatz seines Wissens und Könnens für die Erhaltung der Gesundheit oder auch des gesellschaftlichen Gleichgewichts, insbesondere des Friedens, entbehrt offenkundig einer einheitlichen wissenschaftlichen Grundlage. Es ist unvermeidlich, daß es sich eine solche jeweils durch weltanschauliche Annahmen zu geben sucht. Im Rückblick erkennen wir leicht, was ebenso gewiß in der Gegenwart unerkannt geschieht, nämlich wie bestimmte faszinierende Erkenntnisse zum allgemeinen Auffassungsschema emporgesteigert werden. Ein solches Beispiel ist der Aufbau der Wissenschaft der Mechanik und ihre Übertragung auf andere Gebiete, und die Korrektur, die hier nicht zuletzt durch die Kybernetik gebracht wurde. Ähnlich dogmatischen Charakters ist aber auch die Geltung der Begriffe Bewußtsein und Wille. Der Begriff des Bewußtseins, des Selbstbewußtseins und des Willens hat in der durch den philosophischen Idealismus heraufgeführten Form sowohl die Erkenntnistheorie des 19. Jahrhunderts wie ihre Psychologie beherrscht. Das ist ein ausgezeichnetes Beispiel für die Bedeutung, die theoretische Konzepte in anthropologischer Wendung besitzen können.

Es ist hier nicht der Ort, den Dogmatismus zu analysieren, der in dem Begriff des Bewußtseins wie in dem Begriff der Seele, in dem Begriff der Vorstellung bzw. des Bewußtseinsinhaltes auf der einen Seite, dem Begriff der Seelenvermögen auf der anderen Seite liegt. Es genügt, sich klarzumachen, daß das Prinzip des Selbstbewußtseins, wie es bei

Kant in seinem Begriff der transzendentalen Synthesis der Apperzeption der Position des Idealismus zugrunde liegt und bis auf Descartes zurück und auf Husserl vorwärts ausgestrahlt hat, der Kritik erlegen ist, die mit Nietzsche einsetzte und in verschiedenen Weisen in unserem Jahrhundert – z. B. durch Freud und durch Heidegger – zum Siege gebracht worden ist.

In unserem Zusammenhang bedeutet diese Kritik u. a., daß die soziale Rolle gegenüber dem Selbstverständnis der Person in den Vordergrund tritt. Was bedeutet die sich durchhaltende Identität des Ich? Gibt es das Ich, wie es sich im Selbstbewußtsein bezeugt, überhaupt? Woher wächst ihm die Kontinuität seiner Selbigkeit zu? Da ist der ›Kampf um Anerkennung‹, wie ihn Hegel als die Dialektik des Selbstbewußtseins beschrieben hat. Oder – in Antithese – die christliche Innerlichkeit, wie sie Kierkegaard im Sinne der ›Wahl‹ durch den ethischen Begriff der Kontinuität begründet. Oder ist das Ich gar nur eine sekundäre Einheitsstiftung zwischen wechselnden Rollenspielen, etwa so wie Brecht in ›Der gute Mensch von Sezuan‹ und auch in seiner Theorie des epischen Theaters dem alten dramaturgischen Begriff der Einheit des Charakters seine Legitimität bestreitet? Auch die Forschungsrichtung des Behaviorismus stellt ein Beispiel der hier vorliegenden Entdogmatisierung des Selbstbewußtseins dar. Der Verzicht auf die ›Binnenhaftigkeit des Seelischen‹*, der ihm zugrunde liegt, bedeutet positiv, daß hier Verhaltensmuster studiert werden, die Tier und Mensch gemeinsam sind und die von einem Begriff wie Selbstverständnis aus ganz unerreichbar sind.

Gleichwohl bleibt der Beitrag der philosophischen Anthropologie zu der neuen Wissenschaft vom Menschen beträcht-

* Philipp Lersch, 1941

lich, auch nachdem die Theologie der Seele und die Mythologie des Selbstbewußtseins der Kritik verfallen sind. Aufs Große der Forschungslage hin gesehen, ist ihr Beitrag, wie es scheint, gegenüber den wissenschaftlichen Modellen, die Kybernetik und Physik anzubieten haben, noch immer von der größeren heuristischen Fruchtbarkeit. Zwar zeigen die neueren theoretischen und physiologischen Beiträge zum Verhältnis von Bewußtsein und Leib bzw. Seele und Körper eine imponierende methodische Vorsicht und Erfindungskraft. Ebenso ist es imponierend genug, aus der Biologie und Verhaltensforschung zu lernen, wie kontinuierlich die Übergänge vom tierischen zum menschlichen Verhalten sind und daß man, rein auf das Verhalten hin gesehen, nicht so leicht aus bestimmten Besonderheiten, durch die sich der Mensch von den übrigen Tieren unterscheidet, den ›Sprung‹ zum Menschen erklären kann. Der Fortgang der Forschung zeigt, daß der antievolutionistische Affekt, der sich im Darwinismusstreit entlud, heute keine Rolle mehr spielt. Aber gerade wenn man den Menschen so nahe an das Tier heranrückt, als es irgend die Phänomene erlauben und verlangen – und das ist insbesondere bei den Verhaltensweisen erstaunlich weit –, prägt sich überraschenderweise die Sonderstellung des Menschen besonders sichtbar aus. Gerade in seiner vollen Natürlichkeit scheint er etwas Außerordentliches, und die augenscheinliche Tatsache, daß kein Lebewesen sonst seine eigene Umwelt so zur Kulturwelt umarbeitet wie der Mensch, der damit ›Herr der Schöpfung‹ wurde, hat eine neue unbiblische Offenbarungskraft in sich. Sie lehrt nicht mehr, daß die Seele von jenseitiger Bestimmung ist, sondern umgekehrt, daß Natur nicht in dem Sinne Natur ist, in dem uns die Naturforschung vergangener Jahrhunderte Natur als ›Materie unter Gesetzen‹ (Kant) zu denken nötigte. Die ›Sparsamkeit der Natur‹, die ein fruchtbarer teleologischer Leitbegriff im Zeitalter der Mechanik war und auch heute noch mannigfache Bezeugung findet, ist nicht der einzige Gesichtspunkt, Natur zu denken. Die Evolution des Lebens ist ebensosehr ein Vorgang ungeheurer Verschwendung.

Der Gesichtspunkt der Selbsterhaltung, aber auch der der Anpassung verlieren ihre Schlüsselfunktion bei der Erforschung der Lebewesen. Auch die Philosophie der Institutionen, die Gehlen als Kompensation der biologischen Mangelausstattung des ›nicht festgestellten Tieres‹, das nach Nietzsche der Mensch ist, gedeutet hat, wird davon betroffen. Beiträge von Biologen, Ethnologen, Historikern und Philosophen stimmen darin überein, daß der Mensch nicht dadurch Mensch ist, daß er über eine zusätzliche Ausstattung verfügt, die ihn auf eine jenseitige Ordnung bezieht (Schelers Begriff des Geistes), aber auch darin, daß der Gesichtspunkt des Mängelwesens nicht genügt, um seine Auszeichnung zu erklären. Vielmehr scheint es der Reichtum seiner Fähigkeiten und Ausstattungen für Wahrnehmung und Bewegung, dessen Unausgeglichenheit ihn charakterisiert. Plessner* hat das seine ›Exzentrizität‹ genannt. Es zeichnet den Menschen aus, daß er sich zu seinem Körper selber verhält und auch sonst die natürlichen Formationen der Lebendigkeit wollend und handelnd zu überschreiten vermag, z. B. im Verhalten zu Artgenossen und insbesondere durch die ›Erfindung‹ des Krieges. An dieser Stelle gewinnt auch die moderne Psychologie aufs neue eine bedeutende Stellung, gerade weil sie die Forschungsmethoden der Natur- und Sozialwissenschaften mit den hermeneutischen

---

* H. Plessner, Philosophische Anthropologie, Hrsg. und mit einem Nachwort versehen von G. Dux. Frankfurt a. M. 1970, S. 47 ff.

Wissenschaften kombiniert und die verschiedensten Methoden am selben Gegenstande erprobt.

Aus der exzentrischen Konstitution der menschlichen Lebendigkeit ergeben sich dann die differenzierten Weisen, in denen er seine Exzentrizität ausarbeitet und die wir seine Kultur nennen. Die großen Themen von Wirtschaft, Recht, Sprache und Religion, Wissenschaft und Philosophie legen nicht nur als die gegenständlichen Spuren, die der Mensch hinterläßt, von ihm Zeugnis ab. Ihnen tritt vielmehr die Kunde zur Seite, die er von sich selbst gewinnt und an sich selbst übermittelt. Plessner faßt all dies in der Wendung zusammen, daß der Mensch ›sich verkörpert‹. Hier entspringt und ergießt sich jene andere Quelle von Menschheitswissen, welche der Naturwissenschaft bereits vorausliegt und dem Naturforscher seine mannigfachen Beiträge zum Wissen über den Menschen als Thema gegeben und geprägt hat. Denn dank diesem Wissen des Menschen von sich selbst ist die ›Wissenschaft‹, die alles zu erkennen sucht, was ihr mit ihren methodischen Mitteln zugänglich wird, in einer besonderen Weise mit dem Thema ›Mensch‹ konfrontiert. Ihr wird ihre Erkenntnisaufgabe als eine ins Unendliche unabgeschlossene beständig vor Augen gestellt.

Was ist dieses Wissen des Menschen von sich selbst? Läßt sich mit den Mitteln der Wissenschaft verstehen, was ›Selbstbewußtsein‹ ist? Ist es eine theoretische Vergegenständlichung seiner selbst, die sich mit der Weise der Vergegenständlichung vergleichen läßt, die etwa ein Werk oder Werkzeug besitzt, das der Mensch nach einem Bauplan im voraus zu entwerfen vermag? Offenbar nicht. Zwar kann selbst noch das menschliche Bewußtsein auf komplizierte Weise zum Gegenstand naturwissenschaftlicher Forschung gemacht werden. Informationstheorie und Maschinentechnik können für die Erforschung des Menschen fruchtbar werden, indem sie die Funktionsweise des menschlichen Bewußtseins durch ihre Modelle klären. Aber solche Modellbildung beansprucht nicht, das organische und bewußte Leben des Menschen wissenschaftlich zu beherrschen. Sie begnügt sich damit, mit dem Mittel der Simulierung den hochkomplizierten Mechanismus, der die Lebensreaktionen und insbesondere das Bewußtsein des Menschen funktionieren läßt, zu verdeutlichen. Nun kann man sich fragen, ob dies nicht nur ein Ausdruck der Tatsache ist, daß die Kybernetik noch ganz in den Anfängen steckt und deshalb ihrer eigentlichen Aufgabe, der naturwissenschaftlichen Erkenntnis so hochkomplizierter Systeme, noch nicht gewachsen ist. Es scheint mir aber sinnvoll, sich einmal eine vollendete Kybernetik vorzustellen, für die der Unterschied von Maschine und Mensch wirklich hinfällig geworden wäre. Unser Wissen über den Menschen müßte sich dann darin vollenden, daß es imstande wäre, solche Menschenmaschinen zu machen. Dabei ist Steinbuchs Warnung zu beherzigen, daß es grundsätzlich »keine Einsichten der Automatentheorie oder Sprachtheorie gibt, welche irgendeine Unterscheidung ermöglichen, was Menschen können und was Automaten *nicht* können«.

Aber es geht hier nicht um das Können von Maschinen und das Können derer, die Maschinen benutzen. Es geht darum, was Menschen mit ihrem Können wollen. ›Kann‹ eine Maschine auch wollen? Das hieße aber auch, das, was sie ›kann‹, nicht wollen? Ist, mit anderen Worten, der vollendete Automat das Ideal eines brauchbaren Menschen? In der Tat ist er ja im Arbeitsprozeß vielerorten ein idealer Ersatz für die menschliche Arbeitskraft, und eines der größten Probleme der Zukunft dürfte es werden – wie seinerzeit nach der Einführung des mechanischen Webstuhls –, den Umgang mit diesen Maschinen in das wirtschaftliche und gesellschaftliche Leben einzufügen.

Insofern berührt die Automatisierung die gesellschaftliche Praxis – aber sozusagen von außen. Sie mindert nicht den Abstand von Mensch und Maschine, sondern macht ihn in seiner Unaufhebbarkeit sichtbar. Noch der brauchbarste Mensch ist für den, der ihn gebraucht, Mitmensch und hat ein Wissen von sich selbst, das nicht nur Selbstbewußtsein seines Könnens ist, wie es die ideale Maschine, die sich selbst kontrolliert, besitzen mag, sondern ein gesellschaftliches Bewußtsein, das den, der ihn braucht, ebenso bestimmt wie ihn selbst – anders gesprochen: das alle bestimmt, die im gesellschaftlichen Prozeß der Arbeit ihre Stelle haben. Noch der bloße Nutznießer hat eine solche, wenn auch indirekt.

Damit klärt sich vom Ende der vollendeten Technik her, was von ihrem Anbeginn an der eigentliche menschliche Sinn von ›Praxis‹ war. Er zeichnet sich durch diejenige Möglichkeit des menschlichen Verhaltens aus, die wir ›theoretisch‹ nennen. Sie gehört zur Grundverfassung der menschlichen ›Praxis‹. Sie macht es von jeher aus, daß menschliches Können und Wissen nicht nur das durch Lernen und Erfahrung erworbene ist – es ist die Verselbständigung der Mittel zum Werkzeug, was hier die menschliche Lernfähigkeit potenziert und sein Können über Generationen forterbt. Darin ist wissende Beherrschung ursächlicher Zusammenhänge impliziert, die das eigene Verhalten planvoll zu leiten imstande ist. Damit ist aber auch die bewußte Einordnung in ein System der Zwecke gefordert. Ebenso wird man auch die andere Aussage der neueren Forschung mit den ältesten Einsichten griechischen Denkens konform finden, daß die menschliche Sprache sich gegenüber den Zeichensystemen tierischer Kommunikation grundsätzlich auszeichnet, sofern sie Sachverhalte und Sachzusammenhänge gegenständlich zu machen vermag – und das heißt zugleich, für beliebig verschiedenes Verhalten vorgängig sichtbar zu machen. Gebrauch von Mitteln zu verschiedenen Zwecken, Gebrauch verschiedener Mittel zum gleichen Zweck hängen daran, aber auch die Präferenzordnung der Zwecke selbst.

Sich theoretisch verhalten zu können gehört also selbst zur Praxis des Menschen. Es ist ohne weiteres klar, daß es die ›theoretische‹ Gabe des Menschen war, die es ihm möglich machte, von den unmittelbaren Zielen seiner Wünsche Abstand zu gewinnen, seine Begierde zu hemmen, wie es Hegel genannt hat, und damit ein ›gegenständliches Verhalten‹ zu begründen, das sich sowohl in der Herstellung von Werkzeugen wie in der menschlichen Sprache ausbildet. In ihm entspringt als eine weitere Abstandnahme die Möglichkeit, all sein Tun und Lassen, als ein gesellschaftliches, auf die Zwecke der Gesellschaft hinzuordnen.

Offenkundig liegt schon in dem einfachsten Verhältnis von Wissen und Tun ein Problem der Integration. Mindestens seitdem es Arbeitsteilung gibt, bildet sich das menschliche Wissen so aus, daß es den Charakter der Spezialisierung trägt, die eigens erlernt werden muß. Damit wird Praxis zum Problem: Ein Wissen, das unabhängig von der Situation des Handelns tradiert werden kann und somit aus dem praktischen Handlungszusammenhang herauslösbar ist, soll in der jeweils neuen Situation des menschlichen Handelns zur Anwendung kommen. Nun ist das allgemeine menschliche Erfahrungswissen, das in die praktischen Entscheidungen der Menschen bestimmend eingreift, von den durch spezialisiertes Wissen vermittelten Erkenntnissen gar nicht zu trennen. Ja, mehr noch, es ist im sittlichen Sinne durchaus Pflicht zu wissen, in allem zumutbaren Ausmaße, und das heißt heute, auch durch ›die Wissenschaft‹ informiert zu sein. Max Webers berühmte Unterscheidung von Gesinnungsethik und Verantwortungsethik war in dem Augenblicke, in dem sie aufgestellt wurde, zugunsten der letzteren entschieden. So ist auch die ganze Fülle von Informationen, die die moderne Wissenschaft von ihren Teilaspekten her über den Menschen beizubringen weiß, niemals aus dem praktischen Interessenkreis des Menschen auszuschließen. Dennoch liegt gerade hier das Problem. Zwar hängen alle praktischen Entscheidungen des Menschen von seinem allgemeinen Wissen ab, und doch liegt in der Anwendung dieses Wissens in concreto eine spezifische Schwierigkeit. Es ist die Aufgabe der Urteilskraft (und nicht wieder eines Lehrens und Lernens), daß man in einer gegebenen Situation den Anwendungsfall einer allgemeinen Regel erkennt. Diese Aufgabe besteht überall, wo ein Wissen im allgemeinen zur Anwendung kommen soll, und ist in sich unaufhebbar. Aber es gibt Bereiche des praktischen Verhaltens, in denen sich diese Schwierigkeit nicht konflikthaft zuspitzt. Das gilt von dem gesamten Bereich technischer Erfahrung, d. h. dem Machenkönnen. Dort baut sich das praktische Erfahrungswissen schrittweise auf der Typik des in der Erfahrung Begegnenden auf. Das allgemeine Wissen, das die Wissenschaft erwirbt, indem es die Gründe der Vorgänge erfaßt, kann zu demselben hinzutreten und ihm auch als Korrektiv dienen, macht es aber nicht entbehrlich. Aber schon in diesem einfachsten Falle eines auf Herstellen gerichteten Wissens, das die Zweiseitigkeit von Wissen und Können in seinem Begriff hat, können Spannungen auftreten, und vollends zerdehnt sich dieses einfache Verhältnis von ›theoretischem Wissen‹ und praktischem Handeln unter den Bedingungen des modernen Wissenschaftsbetriebes mehr und mehr. Dabei ist mit dem Worte Wissenschaftsbetrieb bereits das Stichwort gefallen, das auf den qualitativen Unterschied hinweist, der in der ausgesprochenen Zerdehnung des Verhältnisses von Wissen und Handeln liegt.

Die Institutionalisierung der Wissenschaft zu einem Betrieb gehört in den größeren Zusammenhang des wirtschaftlichen und gesellschaftlichen Lebens im industriellen Zeitalter. Nicht nur die Wissenschaft ist ein Betrieb, sondern alle Arbeitsgänge des modernen Lebens sind betriebsmäßig organisiert. Der einzelne ist mit einer bestimmten Leistung in ein größeres Betriebsganzes eingepaßt, das seinerseits in der hochspezialisierten Organisation moderner Arbeit eine genau vorgesehene, d. h. aber zugleich eine ohne eigene Orientierung über das Ganze ablaufende Funktion hat. Die Tugenden der Anpassung und Einpassung in solche rationalen Organisationsformen werden entsprechend kultiviert, die Selbständigkeit der Urteilsbildung und des Handelns nach eigenem Urteil entsprechend vernachlässigt. Das liegt im Gang der modernen Zivilisation begründet und läßt sich als eine allgemeine Regel aussprechen: Je rationaler die Organisationsformen des Lebens gestaltet werden, desto weniger vernünftiges Urteil wird im einzelnen geübt und geschult. Die moderne Verkehrspsychologie etwa, um es an einem Beispiel zu illustrieren, kennt die Gefahren, die in der Automatisierung der Verkehrsregelung liegen, sofern der Autofahrer immer weniger Gelegenheiten zum selbständig freien Entscheiden seines Verhaltens findet und daher immer mehr verlernt, solche Entscheidungen vernünftig zu treffen.

Die Spannung zwischen theoretischem Wissen und praktischer Anwendung, die im Wesen der Sache liegt, wird ihrerseits immer wieder überbrückt, sofern die Wissenschaft auch die Anwendungspolitik im jeweiligen Sachgebiet zum Thema macht und als angewandte Wissenschaft pflegt. Der gesamte Inbegriff dessen, was wir Technik nennen, hat diesen Charakter, angewandte Wissenschaft zu sein. Aber die Spannung verschwindet dadurch keineswegs, sondern vergrößert sich, wie die oben ausgesprochene Regel es auch sagt. Man kann sie jetzt auch in die Form kleiden: Je stärker der Anwendungsbereich rationalisiert wird, desto mehr fällt die eigentliche Übung der Urteilskraft und damit die im eigentlichen Sinne praktische Erfahrung aus.

Das ist ein Vorgang zweiseitiger Art, denn es handelt sich dabei auch um das Verhältnis von Produzent und Konsument. Die Spontaneität dessen, der von der Technik Gebrauch macht, wird in Wahrheit eben durch diese Technik mehr und mehr ausgeschaltet. Er muß sich ihren Sachgesetzlichkeiten fügen und insofern auf ›Freiheit‹ verzichten. Er wird von dem rechten Funktionieren der Technik abhängig.

Dazu kommt aber noch eine ganz andere Unfreiheit des in dieser Weise Abhängigen. Es gibt die künstliche Erzeugung von Bedürfnissen, vor allem durch die moderne Reklame. Grundsätzlich gesehen handelt es sich um die Abhängigkeit von den Informationsmitteln. Die Folge dieses Zustands ist, daß sowohl der Fachmann, der neue Informationen erwirbt, wie auch der Publizist, d. h. der informiert Informierende, zu einem eigenen sozialen Faktor werden. Der Publizist weiß Bescheid und entscheidet, wieweit andere informiert werden sollen. Der Fachmann vollends stellt eine unangreifbare Instanz dar. Wenn niemand anders als der

Fachmann über den Fachmann zu urteilen vermag und selbst ein eintretender Mißerfolg oder Fehler allein von Fachleuten beurteilt werden kann – man denke an die ›Kunstfehler‹ des Arztes oder des Architekten –, so ist damit ein solcher Bereich in gewissem Sinne autonom geworden. Die Berufung auf die Wissenschaft ist unwiderleglich.

Die unvermeidliche Folge besteht darin, daß sie weit über das Ausmaß dessen hinaus in Anspruch genommen wird, wofür sie wirklich kompetent ist. Dazu gehört nicht zuletzt der selbstverständliche Bereich ihrer eigenen Anwendung. Es ist der Verdienst des amerikanischen Soziologen Freidson, der ›Autonomisierung‹ nachgegangen zu sein, die sich in praktischen Berufen und insbesondere im Arztberuf durch die Berufung auf die Wissenschaft ausbreitet. Er hat richtig hervorgehoben, insbesondere in dem Kapitel ›The limits of professional knowledge‹, daß die reine ärztliche Wissenschaft als solche für die praktische Anwendung ihrer Erkenntnisse deshalb nicht kompetent ist, weil da ganz andere Dinge, Wertvorstellungen, Gewohnheiten, Vorlieben und sogar Eigeninteressen hineinspielen. Vom Standpunkt der Wissenschaft aus, den der Verfasser mit dem vollen Rigorismus ›kritischer Rationalität‹ einnimmt, ist nicht einmal die Berufung auf ›wisdom‹ (Weisheit) gültig. Freidson sieht darin nichts als das autoritäre Gehabe des Experten, der sich vor der Einrede des Laien abschirmt. Das ist freilich eine sehr einseitige Perspektive, die einen Maßstab von objektiver Wissenschaft ins Extrem steigert. Aber die an den sozialpolitischen Ansprüchen des Experten geübte Kritik kann auch im Falle solcher Berufung auf ›wisdom‹ gesund sein. Sie verteidigt das Ideal der freien Gesellschaft. In ihr hat der Bürger in der Tat Anspruch darauf, nicht durch die Autorität des Experten entmündigt zu werden. Das alles hat seine besondere Aktualität im Bereich der ärztlichen Wissenschaft und Kunst. Dort schwankt man bereits bei der Benennung der Disziplin zwischen den Ausdrücken Wissenschaft und Kunst, und der Einblick, den etwa die Medizingeschichte in das Spannungsverhältnis dieser Art gewährt, ist besonders eindrucksvoll. Das hängt mit der Eigenart der Heilkunst zusammen, daß sie stärker als die eigentlichen Künste des Herstellens von Künstlichem ihre Aufgabe in der Wiederherstellung von etwas Natürlichem hat. Gerade weil es sich hier nur in begrenztem Umfange um Technik, d. h. um Machen von Künstlichem handelt (seit alters in der Zahnheilkunde und erstaunlich früh auch schon in der Chirurgie), fällt der Urteilskraft des Arztes ein besonders weiter Bereich ihrer Betätigung auch heute noch zu. Alles, was wir Diagnose nennen, ist zwar formal gesehen die Subsumption eines gegebenen Falles unter das Allgemeine einer Krankheit, aber eben im ›Auseinanderkennen‹, das der wirkliche Sinn der Diagnose ist, liegt die eigentliche Kunst. Gewiß gehört dazu allgemeines und spezielles ärztliches Wissen. Aber dies reicht dafür nicht aus. Fehldiagnose, falsche Subsumption, geht offenkundig im allgemeinen nicht zu Lasten der Wissenschaft, sondern zu Lasten der ›Kunst‹ und zuletzt der Urteilskraft des Arztes.

Nun ist das Handwerk des Arztes dadurch besonders ausgezeichnet, daß es nicht nur natürliches Gleichgewicht aufrechterhalten oder wiederherstellen muß, wie das etwa auch beim Ackerbau oder der Tierzüchtung der Fall ist, sondern daß es sich hier um Menschen handelt, die ›behandelt‹ werden sollen. Das begrenzt den Bereich der wissenschaftlichen Kompetenz des Arztes abermals. Sein Wissen ist darin grundsätzlich anders als das Wissen des Handwerkers. Die Handwerkskunst vermag ihre Kompetenz gegen die Einrede des

Laien leicht zu verteidigen. Im Gelingen seines Tuns findet dies Wissen und Können seine Bestätigung. Überdies handelt der Handwerker im Auftrag, und in letzter Instanz setzt ihm der Gebrauch seine Maßstäbe. Soweit der Auftrag klar ist, besitzt er uneingeschränkte und unbestrittene Kompetenz. Das ist freilich zum Beispiel beim Architekten oder beim Schneider selten der Fall, da der Auftraggeber selten wirklich weiß, was er will. Aber grundsätzlich ist die Erteilung eines Auftrages wie seine Übernahme eine Bindung, die beide Kontrahenten mit ihren Verpflichtungen verknüpft und sich an der Eindeutigkeit eines hergestellten Werkes ausweist.

Dagegen gibt es für den Arzt kein solches vorweisbares Werk. Die Gesundheit des Patienten kann nicht als ein solches gelten. Obwohl sie natürlich das Ziel der ärztlichen Tätigkeit ist, wird sie nicht eigentlich von ihm ›gemacht‹. Dazu kommt aber ein Weiteres: Das Ziel, die Gesundheit, ist nicht ein sozialer Tatbestand, sie ist auch ein psychologisch-moralischer Tatbestand, weit mehr als ein von den Naturwissenschaften aus bestimmbares Faktum. All das, was ehedem den Hausarzt zum Freund der Familie machte, verweist auf Elemente ärztlicher Wirksamkeit, die wir heute oft schmerzlich entbehren. Aber noch heute stellt die Überzeugungskraft des Arztes sowie das Vertrauen und die Mitwirkung des Patienten einen wesentlichen Heilfaktor dar, der einer ganz anderen Dimension angehört als der der physikalisch-chemischen Einwirkung von Medikamenten auf den Organismus oder der des ›Eingriffs‹.*

Das Beispiel des Arztes zeigt aber mit besonderer Klarheit, wie sich das Verhältnis von Theorie und Praxis unter den Bedingungen der modernen Wissenschaft zuspitzt. Da ist

* Vgl. unten S. 50 ff.

einmal die Diagnose, die heute eine so spezialisierte Technik ins Spiel setzt, daß dem Arzt meistens gar nichts anderes übrigbleibt, als den Patienten der Anonymität des klinischen Apparates auszusetzen. Und ähnlich ist es sehr oft auch mit der Behandlung. Das hat seine Folgen für das Ganze. Im Vergleich zu dem Hausarzt alter Schule ist die praktische Erfahrung des klinischen Arztes, der seine Patienten nur im klinischen Stadium überhaupt sieht, unvermeidlicherweise abstrakt. Es gilt aber auch umgekehrt, wie gesagt, für den praktischen Arzt von heute, selbst wenn er noch Hausbesuche pflegt, daß er seinerseits nur eine reduzierte Erfahrungsbreite gewinnen kann. So lehrt uns das Beispiel, daß die Ausbildung praktischer Techniken zwar dem Anschein nach den Abstand zwischen dem allgemeinen Wissen der Wissenschaft und der richtigen Entscheidung im Augenblick verringert, daß sich aber dennoch die qualitative Differenz zwischen dem praktischen Wissen und dem Wissen der Wissenschaft eher vergrößert. Gerade weil die Techniken, die angewandt werden, unentbehrlich sind, verkleinert sich der Urteils- und Erfahrungsbereich, aus dem praktische Entscheidungen getroffen werden. Was die moderne Medizin kann, ist überwältigend. Aber trotz allen Fortschritten, die die Naturwissenschaften für unser Wissen um Krankheit und Gesundheit gebracht haben, und trotz dem enormen Aufwand an rationalisierter Technik des Erkennens und Handelns, der sich auf diesem Gebiete entfaltet hat, ist der Bereich des Unrationalisierten hier besonders hoch. Das zeigt sich etwa darin, daß noch immer wie vor Urzeiten der Begriff des guten oder gar des genialen Arztes weit mehr den Wertklang hat, den wir bei der Charakteristik eines Künstlers meinen, als den bei einem Mann der Wissenschaft gewohnten. So wird man hier weniger als sonstwo die Unersetzlichkeit und Unhintergehbarkeit der praktischen Erfahrung ableugnen dürfen. Mag immer die Berufung auf ›wisdom‹, der Anspruch, ein ›weiser‹ Arzt zu sein, dort, wo er erhoben wird, ein illegitimes Zwangsmittel sein – das gilt am Ende überall, wo sich einer auf seine ›Autorität‹ beruft. Aber wie es einen hochgradigen Zustand von Verblendung anzeigt, deshalb Autorität selber für etwas Illegitimes zu halten, das man besser durch ›rationale‹ Entscheidungsformen ersetzen sollte – als ob man das Gewicht echter Autorität je in irgendeiner Organisationsform menschlichen Zusammenlebens ausschalten könne –, so ist der Anteil, durch den ›Erfahrung‹ weise macht, gerade beim Arzt, aber nicht nur bei ihm, ebenso unausweisbar wie überzeugend.

Man wird es in allen Bereichen praktischer Regelanwendung finden, und es gehört wohl zu aller ›Praxis‹, daß, je mehr einer sein Können ›beherrscht‹, er desto mehr Freiheit gegenüber diesem Können besitzt. Wer seine Kunst ›beherrscht‹, braucht weder sich noch anderen seine Überlegenheit zu beweisen. Das ist eine alte platonische Weisheit, daß wahres Können gerade auch die Abstandnahme von ihm ermöglicht, so daß der Meisterläufer auch am besten ›langsam‹ laufen kann, der Wissende auch am sichersten lügen kann usw. Was Plato damit unausgesprochen meint, ist eben, daß diese Freiheit gegenüber dem eigenen Können erst für die Gesichtspunkte der eigentlichen ›Praxis‹ freisetzt, die über die Kompetenz des Könnens hinausgehen – das, was Plato ›das Gute‹ nennt, das unsere praktisch-politischen Entscheidungen determiniert.

Gerade im Zusammenhang ärztlicher Kunst spricht man aber auch noch in einer anderen Weise von ›beherrschen‹. Der Arzt beherrscht nicht nur seine Kunst (wie jeder Könner). Von der medizinischen Wissenschaft sagt man auch, daß sie gewisse Krankheiten ›beherrscht‹ oder beherrschen lernt. Darin spricht sich der besondere Charakter des ärztlichen Könnens aus, daß es nicht ›macht‹ und ›herstellt‹, sondern an der Wiederherstellung des Kranken mitwirkt. Eine Krankheit ›beherrschen‹ heißt also, ihren Verlauf kennen und steuern können – nicht, der ›Natur‹ so weit Herr zu sein, daß man die Krankheit einfach ›wegnehmen‹ könnte. Dort, wo sich Medizin am meisten einer technischen Kunst nähert, redet man freilich auch so: in der Chirurgie. Aber selbst der Chirurg weiß, ›Eingriff bleibt Eingriff‹, und so wird auch er – bei der ›Indikation‹ – immer über das hinausblicken müssen, was seine ärztliche Kompetenz umfaßt, und je sicherer er seine Kunst ›beherrscht‹, desto freier wird er ihr gegenüberstehen, nicht nur im Bereich seiner ärztlichen ›Praxis‹ selber.\*

Die Klärung des interdisziplinären Methodenkontextes, in dem sich der einzelne Forscher bewegt, wird nur ausnahmsweise für ihn produktiv werden. Dabei sei nicht in Abrede gestellt, daß es eine der unvermeidlichen Folgen der modernen Forschungsorganisation ist, daß sich der Horizont des Spezialisten auf die methodische und geistige Lage seines Faches einengt. Es gilt, den Erwartungen und Spekulationen des Laien gegenüber – und Laie ist auch der Forscher auf Nachbargebieten – die vorsichtige und vorläufige Forschung in ihrem wahren Wesen zur Geltung zu bringen. Das ist ein Korrektiv besonderer Art, sich der Prozessualität, d. h. der Vorläufigkeit und jeweiligen Begrenztheit dessen, was die Wissenschaft weiß, bewußt zu sein. Die Wis-

---

\* Auf die Probleme, die hier liegen, bin ich auch in späteren Arbeiten eingegangen. Vgl. zuletzt: ›Leiberfahrung und Objektivierbarkeit‹ (1987); in diesem Band: S. 95-110.

senschaft vermag dadurch den Aberglauben zu bekämpfen, als könne sie dem einzelnen die Verantwortlichkeit der eigenen praktischen Entscheidung abnehmen.

Man wird fragen: Tut das nicht wirklich die moderne Wissenschaft, daß sie mehr und mehr Bereiche erforscht und damit wissenschaftlich beherrschbar macht? Und gewiß ist es wahr, daß dort, wo die Wissenschaft etwas weiß, das Laienwissen seine praktische Legitimität verliert. Aber es bleibt dennoch wahr, daß eines jeden praktisches Handeln immer wieder diesen Bereich überschreitet. Das gilt, wie wir sahen, auch noch für den Fachmann selbst, wenn er auf Grund seiner Kompetenz praktisch tätig werden soll. Die praktischen Folgen seines Wissens unterstehen eben nicht selber wieder seiner wissenschaftlichen Kompetenz. Erst recht gilt das aber für den großen Bereich menschlicher Entscheidungen im Raum von Familie, Gesellschaft und Staat, für die der Fachmann überhaupt kein ausreichendes, praktisch relevantes Wissen anzubieten hat und die ein jeder ›nach bestem Wissen und Gewissen‹ treffen muß.

So fragen wir erneut: Was leistet eine Aneignung von Wissen über den Menschen für das Wissen des Menschen von sich selbst? Was kann es praktisch bewirken? Die heute beliebte Antwort auf solche Fragen spricht von ›Bewußtseinsänderung‹. In der Tat kann man sich eine solche etwa bei dem Arzt, dem Lehrer und vielleicht bei jedem anderen Fachmann vorstellen, nämlich daß er an die Grenzen seines Fachwissens erinnert und bereit wird, Erfahrungen anzuerkennen, die für die Eigeninteressen des Forschers unbequem sind, etwa solche der sozialen und politischen Verantwortung, die in jedem Beruf auftreten, in dem andere von jemandem abhängig werden. Seit die Schrecknisse des Atomkrieges ins allgemeine Bewußtsein gedrungen sind, hat daher die Parole der Verantwortung der Wissenschaft eine große Popularität gewonnen. Daß der Fachmann nicht nur Fachmann, sondern sozial und politisch verantwortlich Handelnder ist, ist aber im Grunde nichts Neues. Schon der platonische Sokrates ging an der Aufdeckung dessen zugrunde, daß der Fachmann seiner Verantwortlichkeit nicht gewachsen war. So hat die antike moralphilosophische Reflexion sich bereits die Frage gestellt, wie weit angesichts der Unabsehbarkeit von Gebrauch und Mißbrauch, den man mit den Produkten der handwerklichen Kunst treiben kann, solche Verantwortung reicht. Sie suchte im Bereich der ›praktischen Philosophie‹ ihre Beantwortung, indem sie alle ›Künste‹ der ›Politik‹ einordnete. Heute bedürfte es dessen im Weltmaßstab, weil sich alles wissenschaftliche Können unter der Herrschaft der bestehenden ökonomischen Ordnung unaufhaltsam in Technik umsetzt, sowie etwas Profit verspricht.

Man kann den Wandel auch so beschreiben, daß mit der wissenschaftlichen Aufklärung und dem technischen Fortschritt in unserer Zivilisation keine entsprechende Entwicklung der gesellschaftlich-politischen Bewußtseinsbildung Schritt gehalten hat. Dabei befinden sich die immens gesteigerten Anwendungsmöglichkeiten, die die Wissenschaft für die Formung und Leistung der Gesellschaft bereitgestellt hat, erst im Anfangsstadium. So muß man sagen, daß der Fortschritt der Technik eine unvorbereitete Menschheit trifft. Sie schwankt zwischen den Extremen eines affekthaften Widerstandes gegen das vernünftige Neue und einem nicht minder affekthaften Drang, alle Lebensformen und Lebensgebiete zu ›rationalisieren‹, eine Entwicklung, die mehr und mehr die panikhafte Form einer Flucht vor der Freiheit annimmt. So verschärft sich die Frage, wieweit nicht die Wissenschaft selber für die Folgen ihrer Anwendung Mitverantwortung auf sich nehmen muß. Dabei bleibt die Tatsache bestehen, daß die immanente Folgerichtigkeit der Forschung einen eigenen Charakter von Notwendigkeit hat. Hier liegt das unabdingbare Recht der Forderung nach Freiheit der Forschung. Forschung kann offenbar nur unter dem Risiko gedeihen, auch die verhängnisvolle Erfahrung des Zauberlehrlings heraufzubeschwören. Jeder Zuwachs von Erkenntnis ist in seiner Bedeutung und in seinen Folgen unvorhersehbar.

So wird man nicht im Ernst davon sprechen dürfen, die Wissenschaft als solche mit der Verantwortung für die Folgen ihrer Fortschritte zu belasten. Ganz von selbst würde das die unerwünschtesten Auswirkungen haben: Verantwortungsscheu, Bevorzugung der ›sicheren‹ Wege des Forschens, Bürokratisierung, äußerliche Etikettierung und am Ende Leerlauf. Gleichwohl ist es wahr, daß die Wissenschaft in zunehmendem Grade auf unser Leben Einfluß gewinnt und daß daher die Folgen der Forschung immer größere menschliche Bedeutung besitzen. Man denke etwa an die Entwicklung der chemischen Düngung, der chemischen Konservierung, an das Problem der Abfälle (nicht nur bei der Atomkrafterzeugung, sondern ebenso beim Kunststoffverbrauch) oder an die Verschmutzung von Wasser und Luft. Wieweit muß dafür die Wissenschaft die Verantwortung übernehmen?

Evidentermaßen kann die Wissenschaft auch hier für nichts anderes verantwortlich sein, als wofür sie von jeher selber verantwortlich ist: in all diesen Dingen Forschungsaufgaben zu erkennen und anzupacken und damit der wissenschaftlichen und praktischen Beherrschung der Probleme zu dienen, die sie und ihre Anwendung geschaffen haben.

Man fragt sich daher, ob es nicht Metawissenschaften geben sollte, Futurologie, Planungswissenschaften usw., die eigens diese Aufgabe zu übernehmen hätten. Aber in jedem Falle verschiebt sich damit nur die Stelle der letzten Entscheidungen noch einmal. Mit anderen Worten: Es ist nicht die Aufgabe der Wissenschaft, sondern bleibt die Aufgabe der Politik, die Anwendung unseres wissenschaftlich ermöglichten Könnens zu kontrollieren. Es ist ja auch umgekehrt nicht die Aufgabe der Politik, sondern der Wissenschaft, ihre eigenen Bedürfnisse, Investitionen an Zeit und Geld usw. zu kontrollieren. Das ist letzten Endes die Funktion der wissenschaftlichen Kritik.

Auch von dieser Seite aus ist das Verhältnis von Theorie und Praxis heute freilich äußerst verwickelt. Das theoretische Interesse (und die Lebensbasis für ›Muße‹) genügt nicht, wo der Betrieb der Wissenschaft selber ein arbeitsteiliges und aufwendiges Ganzes darstellt. Die Forschung bedarf in einem gesteigerten Sinne der Politik. Umgekehrt ist der Politiker – und ein jeder ist ein solcher, soweit er an politischen Entscheidungen durch Handeln oder Nichthandeln beteiligt ist – mehr und mehr auf die wissenschaftliche Information angewiesen. Hier liegt beim Forscher eine gesteigerte Verantwortung angesichts der gesteigerten Bedeutung, die seine Forschungsergebnisse haben können. Er muß ihre Notwendigkeit überzeugend machen können. Dazu muß er sich an die allgemeine Urteilsfähigkeit wenden. Er muß aber auch selber solche Urteilsfähigkeit besitzen, um den eigenen Fachegoismus in sich zu kontrollieren. Hier kann die Stimme des Forschers, der auf sein Lebenswerk zurückblickt und über die anthropologische Bedeutung desselben reflektiert, bei allen gesteigertes Interesse voraussetzen, deren soziales und politisches Bewußtsein der Information durch die Wissenschaft bedarf. Die allgemeine Frage: Was kann man über Probleme der menschlichen Praxis vom Standpunkt der Wissenschaft aus heute sagen? verbindet sich mit der anderen Frage: Welche praktisch-politischen Konsequenzen ziehen führende Forscher aus ihren wissenschaftlichen Erkenntnissen? Bei dieser letzten Frage muß man sich darüber klarbleiben, daß die Perspektiven des kompetenten Forschers zwar durch das Informationsniveau desselben ausgezeichnet sind, aber als praktische und politische nicht die gleiche Kompetenz in Anspruch nehmen können, die den Informationen als solchen zukommt. Sie sind nur Beiträge zur praktischen Überlegung und Entscheidung, wie sie ein jeder in eigener Verantwortung trifft.

Damit wird nicht der gutgläubigen Trennung von Information und praktisch-politisch beeinflußter Auffassung das Wort geredet. Der Informationsbegriff, den die Kybernetik entwickelt hat, führt vielmehr in eine eigene Problematik, sobald es sich um das praktische Wissen des Menschen handelt. Es ist ein anthropologisches Problem, das hier vorliegt. Wir kennen es als die praktische Aufgabe, die richtigen Informationen zu bekommen. Natürlich betreibt jede Maschine, die Informationen speichert, dabei eine gewisse Auswahl, die exakt der Programmierung entspricht. Sie vermag daher Informationen, die ihr zuströmen, stets auch wieder auszuscheiden. Aber sie vergißt nichts. Ein ungeheurer Vorzug, wird man vielleicht meinen, weil man so oft Ursache hat, die Grenzen des menschlichen Gedächtnisses zu beklagen. Aber die Maschine, die nichts vergißt, kann sich damit auch nicht erinnern. Vergessen ist eben nicht Ausscheiden, und es ist auch nicht einfach Speicherung. Es ist eine Art von Latenz, die ihre eigene Präsenz festhält. Auf die Eigenheit dieser Präsenz kommt dabei alles an. Denn gewiß hat auch eine gespeicherte Information, die man aus der Maschine abrufen kann, eine Art Präsenz in der Latenz. Aber eben hier liegt der Unterschied. Die Maschine kann zwar den neurophysiologischen Tatbestand, den man ›Mneme‹ nennt, gut darstellen. Sie kann auch (vielleicht eines Tages) die neurophysiologischen Prozesse der ›Erinnerung‹ (Suchen und Finden) – oder den der ›passiven‹ Erinnerung durch den ›Einfall‹ – abbilden. Insofern ›erklärt‹ sie Vergessen und Erinnern. Aber sie ›kann‹ es nicht selbst – eben weil Vergessen kein ›Können‹ ist.

Worum es sich handelt, mag dem Laien am Beispiel eines Wortindex deutlich werden. Der Stolz eines maschinellen Index ist seine Vollständigkeit. Bei ihm ist garantiert nichts vergessen oder ausgelassen. Natürlich hat man schnell realisiert, daß solche Vollständigkeit auch ihre praktischen Nachteile hat. Ein häufig vorkommendes Wort füllt viele Seiten des Index und führt auf diese Weise zu einer eigenen Form des unauffindbaren Verstecks des Gesuchten. Nun sagt man sich, daß ein gesuchtes Wort erst durch den Kontext kenntlich wird. So ist der Kontextindex der nächste Schritt zur Annäherung an die praktische Brauchbarkeit eines maschinellen Index. Auch die Idee des Kontextes ist aber wiederum nur in abstrakt isolierender Form durchführbar. Der ›geistige‹ Kontext, unter dem der konkrete Benutzer wirklich sucht, ist dabei keiner Auszeichnung fähig. Zugegeben, daß ein solcher Index objektiv ist und die volle Objektivität des gegebenen Textes erreicht. Zugegeben, daß jeder Auswahlindex eine subjektive Interpretation des Textes bedeutet. Zugegeben, daß dies von jedem individuellen Benutzer als ein Mangel beklagt wird. Aber er wird deshalb nicht den ›vollständigen‹ Index, sondern nur den Index nützlich finden, der seinen eigenen subjektiven Gesichtspunkten entspricht, und das ist der, den er sich selbst anlegt. Denn nur ein solcher ist so ausgewählt, daß er in allen seinen Daten potentiell ›erinnert‹. Aber das ist es: Er ›erinnert‹ – was die Präsentierung durch den Kontextindex der Maschine deshalb nicht vermag, weil er keine individuellen Erinnerungsspuren in sich wieder aufdeckt, sondern notwendig alles anbietet, was er ›weiß‹. Ob dies dem Benutzer hilfreich ist, indem ihm neue Beobachtungen geschenkt werden, ist die Frage. Es wird solche Fälle geben. Aber es wird auch das Umgekehrte geben, daß man nachschlägt, während man lesen sollte.

Das Beispiel ist der Spezialfall eines allgemeinen Problems. Was ein Forscher in der Forschungspraxis aus Information zu machen versteht, indem er auswählt, ausscheidet, vergißt, Einsichten reifen und altern läßt, das hat seine volle Entsprechung in der ganzen Umfangsweite der menschlichen Praxis. Informationen müssen auswählend, interpretierend und wertend verarbeitet werden. Solche Verarbeitung wird aber schon immer im voraus geleistet sein, wo Information das praktische Bewußtsein des Menschen erreicht. Der Informationsbegriff, den die Informationstheorie verwendet, ist nicht geeignet, das Auswahlverfahren mitzubeschreiben, durch das eine Information vielsagend wird. Schon die Informationen, auf denen der Fachmann sein Können aufbaut, sind durch die Logik der Forschung ›hermeneutisch‹ erarbeitet, d. h., sie sind bereits auf das beschränkt, worauf sie antworten sollen, weil danach gefragt ist. Das ist ein hermeneutisches Strukturelement aller Forschung. Sie sind gleichwohl nicht in sich selber ›praktisches‹ Wissen. All das modifiziert sich nun, sofern das praktische Wissen des Menschen selber zum Gegenstand der Wissenschaft wird. Das ist dann keine Wissenschaft mehr, die sich zum Gegenstand ihrer Forschung den Menschen selbst wählt – diese Wissenschaft nimmt sich vielmehr *das Wissen* des Menschen von sich selbst zum Gegenstand, das sich durch die geschichtliche und kulturelle Überlieferung vermittelt. In Deutschland nennt man das im Zuge der romantischen Tradition ›die Geisteswissenschaften‹. Deutlicher sind Ausdrücke anderer Sprachen wie ›*humanities*‹ oder ›*lettres*‹, sofern der Unterschied der Gegebenheitsweise der hier und dort vorliegenden Erfahrung sich auch im Worte ausdrückt. Zwar ist in diesen Wissenschaften die Methodik wissenschaftlicher Forschung grundsätzlich dieselbe wie in jeder anderen Wissenschaft. Aber ihr Gegenstand ist ein anderer – einerseits das Menschliche, das sich in den Kulturschöpfungen der Menschheit als Wirtschaft, Recht, Sprache, Kunst und Religion ›objektiv‹ bezeugt, andererseits und in eins damit das in Texten und sprachlichen Zeugnissen niedergelegte ausdrückliche Wissen vom Menschen.

Das so übermittelte Wissen ist zwar nicht von Art und Rang der Naturwissenschaften und auch nicht etwa eine bloße Fortsetzung über die Grenzen der naturwissenschaftlichen Erkenntnis hinaus. So mag sich der seine Exaktheit vermissende Naturforscher die ›*humanities*‹ zu Unrecht als ›ungenaues Wissen‹ vorstellen. Es habe die Wahrheit vager Ahnungen, die man ›Verstehen‹ durch ›Introspektion‹ nenne. In Wahrheit handelt es sich um eine ganz andere Art von Belehrung, die wir durch die Geisteswissenschaften über den Menschen bekommen. Hier spricht sich die ungeheure Vielfalt dessen, was menschlich ist, in überwältigender Breite aus. Die alte wissenschaftstheoretische Unterscheidung von Erklären und Verstehen oder von nomothetischer oder idiographischer Methode reicht nicht aus, um die methodische Basis einer Anthropologie auszumessen. Denn was sich in konkreter Einzelheit ausspricht und insofern geschichtlicher Erkenntnis zugehört, interessiert doch nicht als das einzelne, sondern als ›das Menschliche‹ – mag es auch immer nur in individuellem Geschehen sichtbar werden. Was alles menschlich ist, meint nicht nur das allgemein Menschliche im Sinne der Arteigentümlichkeit des Menschen gegenüber anderen Arten des Lebendigen, insbesondere den Tieren, sondern umfaßt den weiten Rundblick über die Vielfalt des menschlichen Wesens.

Unzweifelhaft liegt darin stets ein uneingestandener Normbegriff, von dem aus sich die Fülle der bemerkenswerten Variationen und Abweichungen von dem, was man vom Menschen erwartet und wertvoll findet, artikuliert. Alle praktischen oder politischen Entscheidungen, die das Handeln der Menschen bestimmen, sind normativ bestimmt und üben ihrerseits normbestimmende Wirkung aus. So ist geschichtlicher Wandel beständig im Gange. Selbstverständlich spielt dabei das Wissen, das wir den Resultaten der Forschung verdanken, eine gewaltige Rolle. Aber es ist kein einseitiges Verhältnis. Der Wechselwirkungen zwischen dem auf wissenschaftliche Weise durch die anthropologische Forschung ermittelten Menschlichen und diesem in sich kontroversen und relativen Wertbild sind viele. Ich meine nicht nur solche Tatsachen wie die, daß der Forscher nicht immer seine Werterwartungen ausschalten kann, oder die, daß er seine Befunde oft unter dem Druck unangemessener Vorurteile deuten wird – ich erinnere wieder an den Kampf um den Darwinismus in der Sozialforschung –, das sind im Fortschritt der Forschung jeweils zu überwindende Mängel. Ähnlich wird der Forscher nicht immer frei sein von dem umgekehrten Vergnügen der Desillusionierung hergebrachter Vorstellungen –, auch das wird ihn einseitig machen. Aber es gilt ebenso im Positiven. Es gibt intuitive Vorwegnahmen von Erkenntnis, etwa das Heilswissen des *Homo religiosus*, das oft dem Arzt etwas zu sagen hat, oder das ›Wissen‹ des Dichters, das dem des Psychologen, Soziologen, Historikers, Philosophen vorauszueilen vermag. Kurz, das normative Menschenbild, das, noch so unvollständig und vage, allem menschlichen Sozialverhalten zugrunde liegt, läßt sich nicht nur in der Forschung nie ganz ausschalten – es sollte auch nie ganz ausgeschaltet werden. Es macht die Wissenschaft erst zu einer Erfahrung für den Menschen. Alles, was die wissenschaftliche Besinnung leisten kann, die eine Integration unseres Wissens vom Menschen versucht, ist, beide Wissensströme zu vereinigen und die Vorurteile, die auf beiden dahingetragen werden, bewußt zu machen. Ein ›richtiges‹ Menschenbild, das ist vor allem ein durch Naturwissenschaft, Verhaltensforschung, Ethnologie wie durch die Vielfalt geschichtlicher Erfahrung entdogmatisiertes Menschenbild. Es wird die klare normative Profilierung schuldig bleiben, auf die sich die wissenschaftliche Anwendung auf die Praxis, etwa im Sinne des ›*social engineering*‹ (soziale Neuordnung), stützen möchte. Aber es ist ein kritisches Maß, das das Handeln des Menschen von vorschnellen Wertungen und Abwertungen befreit und seinen Zivilisationsweg an sein Ziel erinnern hilft, der – sich selbst überlassen – weniger und weniger ein Weg zur Beförderung der Humanität zu werden droht. So, und nur so, dient die Wissenschaft über den Menschen dem Wissen des Menschen von sich selbst und damit der Praxis.

Wir besitzen einen Traktat aus dem Zeitalter der griechischen Sophistik, welcher die Kunst der Medizin gegen Angreifer verteidigt.* Spuren ähnlicher Argumentation lassen sich auch noch weiter zurückverfolgen, und das ist gewiß kein Zufall. Es ist eine sonderbare Kunst, die in der Medizin geübt wird, eine Kunst, die nicht in allen Punkten mit dem übereinstimmt, was die Griechen *Techne* nannten und was wir sei es Handwerkskunst, sei es Wissenschaft nennen. Der Begriff der ›Techne‹ ist eine eigentümliche Schöpfung des griechischen Geistes, des Geistes der *Historie*, der freien denkenden Erkundung der Dinge, und des *Logos* der Rechenschaftsgabe aus Gründen für alles, was man für wahr hält. Mit diesem Begriff und seiner Anwendung auf die Medizin fällt eine erste Entscheidung zugunsten dessen, was die abendländische Zivilisation auszeichnet. Der Arzt ist nicht mehr die mit dem Geheimnis magischer Kräfte umkleidete Figur des Medizinmannes anderer Kulturen. Er ist ein Mann der Wissenschaft. Aristoteles gebraucht geradezu die Medizin als Standardbeispiel für die Verwandlung bloß erfahrungsmäßiger Sammlung von Können und Wissen in echte Wissenschaft. Auch wenn der Arzt dem erfahrenen Heilpraktiker oder der weisen Frau im Einzelfalle unterlegen sein kann – sein Wissen ist von grundsätzlich anderer Art: Er weiß das Allgemeine. Er kennt den Grund, warum eine bestimmte Heilweise Erfolg hat. Er versteht ihre Wirkung, weil er den Zusammenhang von Ursache und Wir-

---

\* Die Apologie der Heilkunst, bearbeitet, übersetzt, erläutert und eingeleitet von Theodor Gomperz. (Sitzungsbericht der Kaiserlichen Akademie der Wissenschaften in Wien) Wien 1890.

kung überhaupt verfolgt. Das klingt sehr modern, und doch handelt es sich hier nicht in unserem heutigen Sinne um die Anwendung naturwissenschaftlicher Erkenntnisse auf das praktische Ziel des Heilens. Der Gegensatz von reiner Wissenschaft und praktischer Anwendung derselben, wie wir ihn kennen, ist durch die spezifischen Methoden der neuzeitlichen Wissenschaft, ihre Anwendung der Mathematik auf die Naturerkenntnis geprägt. Der griechische Begriff von ›Techne‹ dagegen meint nicht die praktische Anwendung eines theoretischen Wissens, sondern eine eigene Form des praktischen Wissens. ›Techne‹ ist jenes Wissen, das ein bestimmtes, seiner selbst sicheres Können im Zusammenhang eines Herstellens ausmacht. Es ist von vornherein auf Herstellenkönnen bezogen und aus diesem Bezug erwachsen. Aber es ist ein ausgezeichnetes Herstellenkönnen, eines, das weiß und das aus Gründen weiß. Es gehört zu diesem wissenden Können also von vornherein, daß ein *Ergon*, ein Werk, dabei herauskommt und aus der Tätigkeit des Herstellens gleichsam entlassen wird. Denn darin vollendet sich das Herstellen, daß etwas hergestellt, d. h. anderen zum Gebrauch beigestellt wird.

Innerhalb eines solchen Begriffs von ›Kunst‹, der vor der Schwelle zu dem steht, was wir ›Wissenschaft‹ nennen, nimmt nun offenbar die Heilkunst eine exzeptionelle und problematische Stellung ein. Hier gibt es kein Werk, das durch Kunst hergestellt und künstlich ist. Hier kann man nicht von einem Material reden, das zuletzt in der Natur vorgegeben ist und aus dem etwas Neues wird, indem es in eine kunstvoll ersonnene Form gebracht wird. Zum Wesen der Heilkunst gehört vielmehr, daß ihr Herstellenkönnen ein Wiederherstellenkönnen ist. Dadurch kommt in das Wissen und Tun des Arztes eine nur ihm eigene Modifikation dessen, was hier ›Kunst‹ heißt. Man kann zwar sagen, der Arzt stellte mit den Mitteln seiner Kunst die Gesundheit her, aber das ist eine ungenaue Rede. Was so hergestellt wird, ist nicht ein Werk, ein *Ergon*, etwas, das neu ins Sein tritt und das Können beweist. Es ist die Wiederherstellung des Kranken, und ob sie der Erfolg des ärztlichen Wissens und Könnens ist, sieht man ihr nicht an. Der Gesunde ist nicht der Gesundgemachte. Daher bleibt in einer kaum je auszuschließenden Weise die Frage offen, wie weit ein Heilungserfolg der kundigen Behandlung des Arztes verdankt ist und wie weit sich die Natur selber geholfen hat.

Das ist der Grund, warum es von alters her mit der ärztlichen Kunst und ihrem Ansehen eine eigene Bewandtnis hat. Die buchstäbliche Lebenswichtigkeit der ärztlichen Kunst verleiht dem Arzt und seinem Anspruch auf Wissen und Können eine besondere Auszeichnung, insbesondere dann, wenn Gefahr ist. Immer aber entspricht diesem Ansehen auf der anderen Seite, und insbesondere, wenn keine Gefahr mehr ist, der Zweifel an der Existenz und Wirksamkeit der Heilkunde. *Tyche* und *Techne* stehen hier in einer besonderen antagonistischen Spannung. Was für den positiven Fall der gelingenden Heilung gilt, gilt ja nicht minder für den negativen Fall des Mißlingens. Was da etwaiges Versagen des ärztlichen Könnens ist, und ob nicht vielleicht ein übermächtiges Geschick den unglücklichen Ausgang herbeiführt – wer will es, und zumal wer als Laie, entscheiden? Apologie der Heilkunst ist aber nicht nur eine Verteidigung eines Berufsstandes und einer Kunst gegenüber den anderen, den Ungläubigen und Skeptikern, sondern vor allem eine Selbstprüfung und Selbstverteidigung des Arztes vor sich selber und gegen sich selber, die mit der Eigentümlichkeit des ärztlichen Könnens unlösbar verknüpft ist. Er kann seine Kunst so wenig sich selbst beweisen, wie er sie anderen beweisen kann.

Die Besonderheit des Könnens, die die Heilkunde im Rahmen der ›Techne‹ auszeichnet, steht wie alle ›Techne‹ im Rahmen der Natur. Alles antike Denken hat den Bereich des künstlich Machbaren im Blick auf die Natur gedacht. Wenn man die ›Techne‹ als Nachahmung der Natur verstand, so meinte man vor allem dies, daß das künstliche Vermögen des Menschen gleichsam den Spielraum ausnützt und ausfüllt, den die Natur mit ihren eigenen Bildungen freigelassen hat. In diesem Sinne ist die Medizin gewiß nicht Nachahmung der Natur. Es soll ja kein Gebilde entstehen, das künstlich ist. Was aus der ärztlichen Kunst hervorgehen soll, ist die Gesundheit, d. h. das Natürliche selber. Das gibt dem Ganzen dieser Kunst das Gepräge. Sie ist nicht Erfindung und Planung von etwas Neuem, das es so nicht gibt und dessen zweckmäßige Herstellung einer vermag, sondern sie ist von vornherein eine Art von Machen und Bewirken, das nichts Eigenes und nichts aus Eigenem macht. Ihr Wissen und Können ordnet sich ganz und gar dem natürlichen Lauf ein, indem es ihn wiederherzustellen sucht, wo er gestört ist, und zwar so, daß es selber mit dem natürlichen Gleichgewicht der Gesundheit gleichsam verschwindet. Der Arzt kann nicht von seinem Werke so zurücktreten, wie jeder Künstler von seinem Werke zurücktritt, jeder Handwerker und Könner, nämlich so, daß er es in gewisser Weise als sein Werk behält. Zwar ist es in jeder ›Techne‹ so, daß das Produkt anderen zum Gebrauch überlassen wird, aber es ist doch das eigene Werk. Dagegen ist das Werk des Arztes, gerade weil es die wiederhergestellte Gesundheit ist, ganz und gar nicht mehr seines, ja es ist nie seines gewesen. Das Verhältnis von Tun und Getanem, Machen und Gemachtem, Bemühung und Erfolg ist hier von grundsätzlich anderer, rätselhafter und umzweifelter Art.

Das zeigt sich in der antiken Medizin unter anderem darin, daß sie die uralte Versuchung des sich selbst beweisenden Könnens, nur dort Hand anzulegen, wo man Erfolgschancen sieht, ausdrücklich zu überwinden hat. Auch der unheilbare Kranke, bei dem mit keinem spektakulären Heilerfolg zu rechnen ist, wird, mindestens in der Reife des ärztlichen Berufsbewußtseins, die mit der philosophischen Einsicht in das Wesen des Logos Hand in Hand geht, Gegenstand der ärztlichen Sorge. In diesem tieferen Sinne ist offenbar die ›Techne‹, um die es sich hier handelt, derart in den Lauf der Natur gefügt, daß sie im Ganzen des natürlichen Laufes und in allen seinen Phasen ihren Beitrag zu leisten vermag.

Man wird alle diese Bestimmungen auch in der modernen ärztlichen Wissenschaft wiedererkennen können. Und doch hat sich etwas Grundsätzliches gewandelt. Die Natur, die Gegenstand der modernen Naturwissenschaft ist, ist nicht die Natur, in deren großen Rahmen sich das ärztliche Können wie alles künstliche Können der Menschen einfügt. Es ist ja das Besondere der modernen Naturwissenschaften, daß sie ihr Wissen selber als ein Machenkönnen versteht. Die mathematisch-quantitative Erfassung der Gesetzlichkeiten des Naturgeschehens ist auf eine Isolierung von Ursache- und Wirkungszusammenhängen gerichtet, die dem menschlichen Handeln Eingriffsmöglichkeiten in nachprüfbarer Genauigkeit gestatten. Der mit dem Wissenschaftsgedanken der Neuzeit verknüpfte Begriff der Technik nimmt so auf dem Gebiete des Heilverfahrens und der Heilkunde spezifisch gesteigerte Möglichkeiten in die Hand. Das Machenkönnen macht sich gleichsam selbständig. Es erlaubt

Verfügung über Teilabläufe und ist Anwendung eines theoretischen Wissens. Als solches ist es aber kein Heilen, sondern ein Bewirken (Machen). Es treibt auf einem lebenswichtigen Gebiete die aller menschlich-gesellschaftlichen Arbeitsweise eigene Arbeitsteilung auf die Spitze. Die Zusammenfügung des ausdifferenzierten Wissens und Könnens in die praktische Einheit einer Behandlung und Heilung geschieht nicht aus der gleichen Kraft des Wissens und Könnens, die in der modernen Wissenschaft als methodisch kultiviert wird. Es ist zwar schon eine alte Weisheit, die in der mythologischen Figur des Prometheus zuerst und im *Christus patiens* für das ganze europäische Abendland symbolisch geworden ist, jener paradoxe Ruf ›Arzt, hilf dir selber‹. Aber die zugespitzte Paradoxie des arbeitsteiligen Verfahrens der ›Techne‹ gewinnt doch erst in der modernen Wissenschaft ihre volle Aussagekraft. Die innere Unmöglichkeit, sich selbst zum Objekt seiner selbst zu machen, tritt erst mit der objektivierenden Methodik der modernen Wissenschaft ganz heraus.

Ich möchte das hier vorliegende Verhältnis am Begriff des *Gleichgewichts* und durch die Erfahrung des Gleichgewichts interpretieren. Das ist ein Begriff, der schon in den hippokratischen Schriften eine große Rolle spielt. In der Tat liegt es nicht nur bei der Gesundheit des Menschen nahe, sie als einen natürlichen Gleichgewichtszustand aufzufassen. Der Begriff des Gleichgewichts bietet sich für das Verständnis der Natur überhaupt im besonderen Maße an. Bestand doch die Entdeckung des griechischen Naturgedankens in der Erkenntnis, daß das Ganze eine Ordnung ist, die alle Vorgänge in der Natur in festen Abläufen sich wiederholen und verlaufen läßt. Natur also ist etwas, das sich gleichsam selbst und von selbst in seinen Bahnen hält. Das ist der Grundgedanke der jonischen Kosmologie, in dem alle kosmogonischen Vorstellungen ihre Erfüllung finden, daß am Ende die große Ausgleichsordnung des wechselnden Geschehens wie eine natürliche Gerechtigkeit alles bestimmt.*

Setzen wir diesen Naturgedanken voraus, dann ist ärztliches Eingreifen als ein Versuch zu bestimmen, gestörtes Gleichgewicht wiederherzustellen. Darin besteht das eigentliche ›Werk‹ der ärztlichen Kunst. Fragen wir uns daher, wie sich Wiederherstellen von Gleichgewicht von allem sonstigen Herstellen unterscheidet. Ohne Zweifel ist es eine Erfahrung sehr eigener Art, die wir alle kennen. Die Wiederfindung des Gleichgewichts begegnet genau wie sein Verlust in der Weise eines Umschlags. Es ist eigentlich kein wahrnehmbarer kontinuierlicher Übergang vom einen in das andere, sondern ein plötzliches Verändertsein, ganz anders als der uns sonst vertraute Prozeß des Herstellens, in dem Baustein zu Baustein gefügt und Schritt für Schritt die geplante Veränderung ausgeführt wird. Es ist das Erlebnis der Balance, »wo sich das reine Zuwenig unbegreiflich verwandelt –, umspringt in jenes leere Zuviel«. So drückt Rilke die Artistenerfahrung der Balance aus. Was er beschreibt, ist dies: die angestrengte Bemühung um die Herstellung und das Halten des Gleichgewichts erweist sich in dem Moment, in dem die Balance gelingt, plötzlich als das Gegenteil dessen, was sie zu sein schien. Es war nicht ein Zuwenig an Kraft und Einsatz von Kraft, sondern ein Zuviel, das sie verfehlen ließ. Mit einem Schlage geht es wie von selber, leicht und mühelos.

---

* Zur kosmologischen Gerechtigkeit vergleiche man den einzig erhaltenen Satz des Anaximander VS 12 A 9 und meine Arbeit ›Platon und die Vorsokratiker‹, Ges. Werke Bd. 6, S. 58-70, dort bes. S. 62 ff.

Es gilt in der Tat für jede Herstellung von Gleichgewicht, daß diese Erfahrung sie begleitet. Der an der Herstellung des Gleichgewichts Arbeitende wird gleichsam zurückgestoßen von dem sich selbst Haltenden und Genügenden. Wir kennen das im ärztlichen Tun als die eigentliche Weise seines Erfolges, sich selbst aufzuheben und entbehrlich geworden zu sein. Daß sich in der Wiederherstellung des Gleichgewichts das ärztliche Tun in Selbstaufhebung vollendet, steht aber schon von vornherein im Blick aller Bemühung. Wie bei dem Erlebnis der Balance die Bemühung auf eine paradoxe Weise darauf ausgeht, sich zu lockern, um das Gleichgewicht sich einspielen zu lassen, so hat auch das ärztliche Bemühen den inneren Bezug auf das Sich-selbst-Einspielen der Natur. Daß sich das Schwanken einer Gleichgewichtslage qualitativ unterscheidet von ihrem endgültigen Verlust, bei dem alles aus den Fugen gerät, bestimmt den Horizont alles ärztlichen Tuns.

Daraus folgt aber: Es ist nicht in Wahrheit ein Herstellen von Gleichgewicht, d. h. ein Aufbauen einer neuen Gleichgewichtslage von Grund auf, sondern es ist immer ein Abfangen des schwankenden Gleichgewichts. Alle Störung desselben, alle Krankheit, bleibt von unübersehbaren Faktoren des sich noch haltenden Gleichgewichts mitgetragen. Das ist der Grund, warum das Eingreifen des Arztes nicht eigentlich als Machen oder Bewirken von etwas zu verstehen ist, sondern in erster Linie als Stärken der das Gleichgewicht bildenden Faktoren. Sein Eingreifen steht immer unter dem doppelten Aspekt, selber durch den Eingriff einen Störungsfaktor zu bilden oder aber die spezifische Heileinwirkung in das Spiel der balancierenden Faktoren einzufügen. Das scheint mir für das Wesen der ärztlichen Kunst konstitutiv, daß sie mit jenem Umschlag des Zuviel in das

Zuwenig oder besser des Zuwenig in das Zuviel vorgängig rechnen muß und ihn gleichsam antizipiert.

In der antiken Schrift über die Heilkunst findet sich dafür das schöne Beispiel des Führens der Baumsäge. Wie der eine zieht, so folgt der andere, und das vollendete Führen der Säge bildet einen Gestaltkreis (Weizsäcker), in dem sich die Bewegungen der beiden Sägenden zu einem einheitlichen rhythmischen Fluß der Bewegung verschmelzen. Da steht der bezeichnende Satz, der das Wunderbare solcher Erfahrung von Gleichgewicht andeutet: »Wenn sie aber Gewalt anwenden, dann werden sie es ganz verfehlen.« Sicherlich ist das nicht auf die Heilkunst beschränkt. Alle Meisterschaft des Herstellens kennt etwas davon. Die leichte Hand des Meisters läßt sein Tun als mühelos erscheinen, und das genau dort, wo der Lernende gewaltsam wirkt. Alles Gekonnte hat etwas von der Erfahrung des Gleichgewichts. Aber bei der ärztlichen Kunst bleibt es doch das Besondere, daß es sich hier nicht um die vollendete Beherrschung eines Könnens handelt, das durch das gelingende Werk unmittelbar bewiesen wird. Daher die besondere Behutsamkeit des Arztes, ein bei aller Gestörtheit fortbestehendes Gleichgewicht beachten und sich in das Gleichgewicht des Natürlichen einschwingen zu müssen, wie der Mann mit der Säge.

Bezieht man diese Grunderfahrung auf die Situation der modernen Wissenschaft und der wissenschaftlichen Medizin, so tritt deutlich heraus, wie sich die Problematik hier zuspitzt.* Die moderne Naturwissenschaft ist nicht primär Wissenschaft von der Natur als dem sich selbst ausgleichenden Ganzen. Nicht die Erfahrung des Lebens, sondern die Erfahrung des Machens, nicht die Erfahrung des Gleichge-

---

* Vgl. hierzu auch im folgenden oben S. 11 ff.

wichts, sondern die der planmäßigen Konstruktion liegt ihr zugrunde. Sie ist, weit über den Geltungsbereich der speziellen Wissenschaft hinaus, ihrem Wesen nach Mechanik, Mechané, d. h. kunstvolle Herbeiführung nicht von selbst eintretender Wirkungen. Ursprünglich bezeichnete Mechanik das Sinnreiche einer Erfindung, die alle in Erstaunen setzt. Die moderne, technische Anwendung ermöglichende Wissenschaft versteht sich nicht als eine Ausfüllung der Naturlücken und Einfügung in das natürliche Geschehen, sondern gerade als ein Wissen, in dem die Umarbeitung der Natur in eine menschliche Welt, ja die Wegarbeitung des Natürlichen vermöge einer rational beherrschten Konstruktion leitend ist. Als Wissenschaft macht sie Naturvorgänge berechenbar und beherrschbar, so daß sie am Ende sogar das Natürliche durch das Künstliche zu *ersetzen* weiß. Das liegt in ihrem eigenen Wesen. Nur so ist die Anwendung der Mathematik und der quantitativen Methoden auf die Naturwissenschaft möglich, weil ihr Wissen Konstruktion ist. Nun lehrt aber unsere Überlegung, daß die Situation der Heilkunst auf eine unaufhebbare Weise an die Voraussetzung des antiken Naturbegriffs gebunden bleibt. Sie ist unter den Wissenschaften von der Natur diejenige, die nie ganz als Technik zu verstehen ist, weil sie ihr eigenes Können immer nur als das Wiederherstellen des Natürlichen erfährt. Sie stellt daher innerhalb der modernen Wissenschaften eine eigentümliche Einheit von theoretischer Erkenntnis und praktischem Wissen dar, eine Einheit, die sich überhaupt nicht als Anwendung von Wissenschaft auf Praxis verstehen läßt. Sie stellt eine eigene Art praktischer Wissenschaft dar, für die im modernen Denken der Begriff abhanden gekommen ist.

Im Lichte dieser Überlegungen gewinnt eine schöne und

vieldiskutierte Stelle im platonischen Phaidros* ein besonderes Interesse, weil sie die Situation des Arztes, der diese ›Wissenschaft‹ besitzt, beleuchtet. Plato spricht dort von der wahren Redekunst und stellt sie in Parallele zur Heilkunst. In beiden gilt es, Natur zu verstehen, in der einen die der Seele, in der anderen die des Leibes, wenn man nicht bloß auf Grund von Routine und Erfahrung, sondern aus wirklichem Wissen handeln will. Wie man wissen muß, welche Medikamente und welche Nahrung dem Leibe zuzuführen sind, damit sie Gesundheit und Kraft bewirken, so muß man auch wissen, welche Reden und gesetzlichen Einrichtungen man der Seele zuzubringen hat, damit sie richtige Überzeugung und das rechte Sein (*Arete*) zustande bringen.

Und nun fragt Sokrates seinen von der Rhetorik begeisterten jungen Freund: »Glaubst du, daß man die Natur der Seele verstehen kann, ohne die Natur des Ganzen?«**

Und daraufhin antwortet ihm dieser: »Wenn man Hippokrates, dem Asklepiaden, glauben darf, kann man ohne diese Verfahren ja nicht einmal vom Leib etwas verstehen.«*** Die beiden Bestimmungen ›Natur des Ganzen‹ und ›dieses Verfahren‹ (nämlich, die Natur einzuteilen) gehören offenbar zusammen. Die wahre kunstmäßige Rhetorik, die Sokrates hier fordert, wird der wahren Heilkunde darin ähnlich sein, daß sie das mannigfaltige Wesen der Seele, in die sie Überzeugungen einpflanzen soll, kennen muß und ebenso die Mannigfaltigkeit der Reden, die sich für die jeweilige Verfassung der Seele eignen. Das ist die Analogie, die aus dem Blick auf das ärztliche Tun und Kön-

* Phdr. 270b ff.
** Phdr. 270c.
*** Ebd.

nen entwickelt wird. Wahre Heilkunde, die ein echtes Wissen und Können einschließt, verlangt also, auseinanderzukennen, was jeweils die Verfassung des Organismus ist und was dieser Verfassung zuträglich ist.

Werner Jaeger hat mit Recht bei der Deutung dieser Stelle die Meinung zurückgewiesen, als ob hier eine besondere, naturphilosophische, von kosmologischen Gesamtideen erfüllte Medizin gefordert werde. Das Gegenteil ist der Fall. Das Verfahren, um das es geht, ist die Methode des Einteilens, der differenzierenden Betrachtung, die die jeweiligen Krankheitserscheinungen in der Einheit eines spezifischen Krankheitsbildes zusammenfaßt und von da eine einheitliche Behandlung ermöglicht. Bekanntlich ist der Begriff der *Eidos*, den wir durch die platonische Ideenlehre kennen, zuerst innerhalb der medizinischen Wissenschaft gebraucht worden. So begegnet er bei Thukydides in einer Krankheitsbeschreibung, in der Schilderung des Krankheitsbildes jener berühmten Pest, die Athen am Anfang des Peloponnesischen Krieges heimsuchte und der schließlich auch Perikles erlag. Die medizinische Wissenschaft ist in ihrer Forschung bis zum heutigen Tage von der gleichen Forderung bestimmt. Die gemeinte Methode des Einteilens ist eben alles andere als eine scholastische Begriffsspalterei. Einteilung ist nicht Herauslösung eines Teiles aus der Einheit eines Ganzen. Sokrates verbietet hier jede isolierende Betrachtung der Symptome und fordert eben damit wirkliche Wissenschaft. Er geht dabei noch über das hinaus, was auch die moderne medizinische Wissenschaft als ihre methodische Grundlage anerkennt. Die Natur des Ganzen, von der hier die Rede ist, ist nicht nur das einheitliche Ganze des Organismus. Wir haben ja aus der griechischen Medizin ein reiches Anschauungsmaterial dafür, wie Wetter und Jahreszeit, Temperatur, Wasser und Ernährung, kurz, wie alle möglichen klimatischen und Umweltfaktoren die konkrete Seinsverfassung dessen mit ausmachen, um dessen Wiederherstellung es geht. Der Zusammenhang, in dem die behandelte Stelle steht, läßt aber noch einen weiteren Schluß zu. Die Natur des Ganzen umschließt die gesamte Lebenssituation des Patienten, ja sogar die des Arztes. Die Medizin wird mit der wahren Rhetorik verglichen, welche die rechten Reden in der rechten Weise auf die Seele einwirken lassen soll. Eine höchst ironische Vorstellungsweise. Plato schwebt gewiß nicht vor, es sollte eine solche Kunst der rhetorischen Seelenführung geben, die beliebige Reden zu beliebigen Zwecken einzusetzen und auszunutzen wüßte. Was er meint, ist offenbar, daß es die rechten Reden sein müssen und daß nur der die rechten Reden kennen kann, der die Wahrheit erkannt hat. Nur der also wird der rechte Redner sein, der der wahre Dialektiker und Philosoph ist. – Das rückt nun die mit ihr verglichene Heilkunst in ein höchst interessantes Licht. Wie die scheinbare Sonderaufgabe der Rhetorik in das Ganze der philosophischen Lebenshaltung übergeht, so wird es wohl auch bei jenen Mitteln und Behandlungen sein, welche die Medizin dem menschlichen Leibe zubringt, um ihn wiederherzustellen. Insofern stimmt die Parallele von Redekunst und Heilkunst auch darin, daß die Verfassung des Leibes in die Verfassung des Menschen im ganzen übergeht. Seine Stellung im Ganzen des Seins ist nicht nur im Sinne der Gesundheit, sondern in einem umfassenderen Sinne eine balancierte. Krankheit, Verlust des Gleichgewichts, meint nicht nur einen medizinisch-biologischen Tatbestand, sondern auch einen lebensgeschichtlichen und gesellschaftlichen Vorgang. Der Kranke ist nicht mehr der alte. Er fällt aus. Er ist aus seiner

Lebenssituation herausgefallen. Doch bleibt er als der, dem etwas fehlt, auf die Rückkehr in sie bezogen. Gelingt die Wiederherstellung des natürlichen Gleichgewichts, so gibt der wunderbare Vorgang der Genesung dem Gesundeten auch das Lebensgleichgewicht zurück, in dem er tätig er selbst war. So ist es kein Wunder, daß umgekehrt der Verlust des einen Gleichgewichts zugleich immer das andere Gleichgewicht gefährdet, ja daß es im Grunde nur ein einziges großes Gleichgewicht ist, in welchem sich das menschliche Leben hält, um das es schwankt und das sein Befinden ausmacht.

In diesem Sinne gilt, was Plato andeutet, daß der Arzt wie der wahre Redner das Ganze der Natur sehen muß. Wie jener aus wahrer Einsicht das rechte Wort zu finden hat, um den anderen zu bestimmen, so muß auch der Arzt über das hinaussehen, was der eigentliche Gegenstand seines Wissens und Könnens ist, wenn er der wahre Arzt sein will. Seine Lage ist daher ein schwer einzuhaltendes Zwischen von menschlich unverbindlichem Berufsdasein und menschlicher Verbindlichkeit. Es macht seine Lage als Arzt aus, Vertrauen zu brauchen und doch auch wieder seine ärztliche Macht beschränken zu müssen. Er muß über den ›Fall‹, den er behandelt, hinaus auf den Menschen im Ganzen seiner Lebenssituation sehen. Ja, er hat sogar sein eigenes Tun und was es bei dem Patienten wirkt, mitzureflektieren. Er muß sich zurückzunehmen wissen. Denn er darf weder von sich abhängig machen, noch ohne Not Bedingungen der Lebensführung (›Diät‹) vorschreiben, die die Wiedereinspielung des Patienten in sein Lebensgleichgewicht verhindern.

Was für das Verhältnis des Seelisch-Kranken zu seinem Arzt allgemein bekannt ist und die anerkannte Aufgabe des

Psychotherapeuten mit ausmacht, gilt in Wahrheit allgemein. Die ärztliche Kunst vollendet sich in der Zurücknahme ihrer selbst und in der Freigabe des anderen. Auch hier tritt die Sonderstellung der Heilkunst im Ganzen der menschlichen Künste hervor. Daß das, was von einer Kunst hergestellt wird, sich von seiner Entstehung löst und einem freien Gebrauch überantwortet ist, stellt eine Beschränkung dar, die jedem, der eine Kunst und ein Können ausübt, auferlegt ist. Beim Arzt aber wird das gleiche zu einer echten Selbstbeschränkung. Denn es ist kein bloßes Werkstück, das er gemacht hat, sondern es ist Leben, das ihm anvertraut war und das er nun aus seiner Obhut entläßt. Dem entspricht die besondere Lage des Patienten. Der Gesundgewordene, der seinem eigenen Leben zurückgegeben ist, beginnt die Krankheit zu vergessen, aber er bleibt dem Arzt auf eine (meist namenlose) Weise verbunden.

Den Philosophen interessieren die Probleme der Wissenschaft in einer eigentümlich verkehrten Intentionsrichtung. Das gilt auch für das Problem der Intelligenz. Während der Arzt oder der Psychologe den Begriff der Intelligenz so anwendet, daß die beschriebenen Phänomene seiner Verwendung einen eindeutigen Sinn geben, stellt sich dem Philosophen die Frage, was für eine Prägung der Begriff der Intelligenz als solcher bereits ist, welche vorgängige Artikulation der Welterfahrung in dieser Begriffsbildung als solcher steckt. Daß der Begriff der Intelligenz ein Leistungsbegriff ist, daß er ein Können ausdrückt, das nicht durch das Bestimmte, was man da kann, also nicht durch das Verhalten zu bestimmten Inhalten des Denkens definiert ist, dürfte dem Sprachgebrauch der Wissenschaft wie dem des täglichen Lebens entsprechen. Im lebendigen Sprachgebrauch gibt es nun niemals Worte für sich, die nicht durch die Nachbarschaft zu anderen Worten ihre Bedeutung zugeteilt und mitbestimmt erhalten. Sehen wir uns um, was für Nachbarn in unserem Sprachgebrauch dem Begriff der Intelligenz zukommen, so haben auch diese Wortnachbarn – ich nenne etwa Scharfsinn, schnelle Auffassungsgabe, Klugheit überhaupt, Urteilsfähigkeit – mit dem Begriff der Intelligenz den formalen Struktursinn gemeinsam. Gleichwohl fallen sie nicht mit ihm zusammen. So ist die erste Frage, die der Philosoph zu stellen hat, ob die Prägung eines solchen formalen Intelligenzbegriffs nicht selbst schon eine Vorentscheidung, um nicht zu sagen: ein Vorurteil einschließt.

Eine historische Besinnung kann die Legitimität dieser

Frage deutlicher machen. Es scheint, daß die Bedeutung des Wortes ›Intelligenz‹, wie sie uns vertraut ist, erst relativ jungen Datums ist. Das klassische lateinische Wort hat in der Sprache der Philosophie und der von ihr bestimmten Psychologie ursprünglich einen ganz anderen Ort. *Intelligentia* ist die höchste Form der Einsicht, die noch der *ratio*, dem verständigen Gebrauch unserer Begriffe und Denkmittel, überlegen ist. ›Intelligentia‹ ist die lateinische philosophische Entsprechung zu dem griechischen Begriff *Nous*, den wir in der Regel, und nicht so uneben, mit ›Vernunft‹ oder auch ›Geist‹ wiedergeben, und meint vor allem das Vermögen, die obersten Prinzipien zu erkennen. Indessen ist der Sprachgebrauch, der heute üblich ist, von dieser philosophischen Vorgeschichte des Wortes *intelligentia* durch eine Zäsur getrennt. Es ist nicht leicht, den Schnitt, der hier liegt, genau zu bestimmen. In der philosophischen Psychologie des 18. Jahrhunderts findet sich unser heutiger Begriff der Intelligenz noch gar nicht. Indessen geht der Prägung dieses neuen Intelligenzbegriffs der Sprachgebrauch in gewissem Umfang schon voraus, insbesondere der des französischen Adjektivs *intelligent* (bereits seit dem 15. Jahrhundert). Die neue Prägung des Begriffs hat aber eine große Tragweite und zeigt, was für Vorentscheidungen in Begriffen liegen. Daß *intelligence* im 17. Jahrhundert aufhört, das Vermögen der Prinzipienerkenntnis zu sein und die allgemeine Fähigkeit, Dinge, Tatsachen, Beziehungen usw. zu erkennen, bedeutet, rückt den Menschen grundsätzlich mit den intelligenten Tieren in eine Reihe.* Offenbar war es die vom pragmatischen Ideal erfüllte Aufklärung, die im Anschluß an den sich in pragmatischer Richtung entwickeln-

---

\* Vgl. Monet: ›Facilité à comprendre et à juger chez l'homme et les animaux.‹

den Sprachgebrauch und in der Absicht, die extremen Folgen des Cartesianismus, der dem Menschen das Selbstbewußtsein vorbehielt und die Tiere für Maschinen erklärte, zu vermeiden, den Begriff der Intelligenz von aller Beziehung auf die ›Prinzipien‹ ablöste und rein instrumental verwendete. Man sieht, daß der heutige Begriff der Intelligenz seinen Formelcharakter aus einer bestimmten Fragestellung empfangen hat, die keineswegs dem ursprünglichen Sinnfelde des lateinischen Wortes ›intelligentia‹ genau eingepaßt ist.

Dies wird nun noch verstärkt, wenn wir uns in die Begriffsbildung der griechischen Philosophie zurückversetzen und fragen, was eigentlich unserem Begriff ›Intelligenz‹ dort entspricht. Man darf wohl sagen, daß es dort keinen philosophischen Begriff gibt, der ein wirkliches Äquivalent zu diesem Begriff darstellt. Natürlich gibt es in der griechischen Sprache der klassischen Zeit, ja schon in homerischer Zeit, sprachliche Äquivalente, die einen Menschen als ›intelligent‹ charakterisieren, etwa den einfallsreichen, erfindungsreichen Odysseus, oder Worte, die Verständigkeit bezeichnen (etwa: *Synesis*). Aber ein formaler Begriff der Intelligenz ist von den griechischen Philosophen nicht entwickelt worden. Sollte das nicht beachtet werden? Wenn sie das auch uns so beunruhigende Problem des instinktgeleiteten und doch ›intelligent‹ wirkenden Verhaltens von Tieren mit dem intelligenten Verhalten des Menschen verglichen, so scheint es mir bezeichnend, daß der Begriff, mit dem dieser Vergleich vorgenommen wird, der Begriff der *Phronesis*, einen ganz anders inhaltlich bestimmten Sinn hat, nämlich im menschlichen Bereich der Moralphilosophie. So sagt z. B. Aristoteles, gewisse Tiere hätten offenkundig auch ›phronesis‹ – er denkt vor allem an die Bienen, an die Ameisen, an die Tiere, die für den Winter sammeln und auf diese Weise, menschlich gesehen, Voraussicht und das schließt ein: Sinn für Zeit verraten. Sinn für Zeit – das ist etwas Ungeheures. Es bedeutet nicht bloß eine Erkenntnissteigerung, Vorausschau, sondern einen grundsätzlich anderen Status: Anhalten im Verfolgen des allernächsten Zwecks zugunsten eines auf längere Sicht angestrebten, festgehaltenen Zieles.

Der Begriff der ›Phronesis‹, der so für das tierische Verhalten auf Grund einer menschlichen Analogie verwendet wird, hat nun aber im anthropologischen und moralischen Bereich gerade durch Aristoteles eine eindeutige Bestimmung erfahren, die nachdenklich macht. Aristoteles dürfte dabei dem Sprachgebrauch, der sedimentierten Vernunft, die in jedem Sprachgebrauch steckt, genau folgen, wenn er unter ›Phronesis‹ nicht nur das kluge, geschickte Finden von Mitteln zur Bewältigung bestimmter Aufgaben versteht, nicht nur den Sinn für das Praktische, für das Erreichen beliebiger Zwecke, sondern auch den Sinn für die Setzung der Zwecke selber und die Verantwortung dieser Zwecke. Damit gewinnt der Begriff – und darauf kommt es hier an – eine inhaltliche Bestimmtheit. Kein bloßes formales Können macht diesen Begriff aus, sondern ineins mit diesem Können die Bestimmung dieses Könnens, die Anwendung, die es erfährt. Aristoteles gibt dem einmal dadurch Ausdruck, daß er der ›Phronesis‹ die *deinotes* gegenüberstellt, d. h. der vorbildlichen Haltung der Phronesis als eine naturhafte Gegenform die unheimliche Geschicklichkeit des Bewältigens jeder möglichen Situation entgegensetzt – und dies ist keineswegs etwas schlechthin Positives. Wer diese Eigenschaft besitzt, ist, wie wir sagen, zu allem fähig und vermag, wo es haltlos und ohne verantwortbaren Sinn geschieht, jeder Situation einen praktikablen Aspekt abzugewinnen und davonzukommen (in der Politik der gesinnungslose Opportunist, im Wirtschaftsleben der Konjunkturritter, dem nicht zu trauen ist, im gesellschaftlichen Bereich der Hochstapler usw.). Der Begriff der Intelligenz erscheint also hier noch an das Menschsein im ganzen, an seine *humanitas*, gebunden. Ganz ähnlich wie der uns wohlvertraute Begriff des gesunden Menschenverstandes hat er im modernen Denken eine wesentliche Dimension eingebüßt. Wir denken im allgemeinen nicht daran, daß der gesunde Menschenverstand etwas anderes sein könnte als ein bloßes formales Können (die normale Ausstattung mit einer Fähigkeit), und doch zeigt die nähere Untersuchung dieses Begriffes eine ganz andere Prägung desselben. Ihm entspricht nämlich der Begriff des *bon sens* bei den Franzosen und letzten Endes der Begriff des *sensus communis*, das ist der Allgemeinsinn. Nun läßt sich nachweisen, daß *sensus communis*, dieser allgemeine Sinn, in Wahrheit nicht nur den ungestörten Gebrauch unserer geistigen Gaben meint, sondern immer zugleich eine inhaltliche Bestimmung einschließt.* ›Sensus communis‹ ist Gemeinsinn nicht nur als jene *facultas dijudicativa*, die die Zeugnisse der Einzelsinne verarbeitet, sondern bezeichnet vor allem sozialen Sinn, den Bürgersinn, der gewisse allen gemeinsame, unbestrittene inhaltliche Voraussetzungen enthält und keineswegs nur die formale Fähigkeit des Vernunftgebrauchs.

Das scheint mir nun für unsere Überlegung über den Begriff der Intelligenz und seinen ursprünglichen Zusammenhang mit dem der ›Intelligentia‹ bedeutsam. Es ist nicht selbstverständlich und fraglos, daß die Ablösung des Begriffs der Intelligenz von bestimmten inhaltlichen Aufgaben, die uns als Menschen gestellt sind, wissenschaftlich legitim ist. Wenn

* Vgl. Wahrheit und Methode, S. 16-27. [Ges. Werke Bd. 1, S. 24-35].

wir uns fragen, was solche Ablösung denn eigentlich bedeutet, so ist grundsätzlich zunächst daran zu denken, daß jeder Begriff dieser Art einen bestimmten sozialen Konventionscharakter, einen bestimmten sozial festgelegten Normsinn enthält. Die Gesellschaft versteht sich selbst in der Lebendigkeit ihres Sprachgebrauchs und sagt etwas von sich selber, wenn sie gewisse Ausdrücke, etwa den der ›Intelligenz‹, in der uns gewohnten Weise verwendet. Woraufhin versteht sie sich und was meint sie? Ist es vielleicht mehr als nur ein äußerliches Sprachgeschehen, daß der uns gewohnte Begriff der Intelligenz so jungen Datums ist?

Ich will damit nicht die bekannte Kritik an der sogenannten Vermögenspsychologie wiederholen. Es ist wahr, daß die klassische Psychologie des achtzehnten Jahrhunderts mit dem Begriff des Vermögens eine bestimmte Grundauffassung vom Menschen und seinen Fähigkeiten artikuliert hat und daß die Auflösung dieser Apparatur von Vermögen, mit denen die Seele ausgestattet ist, zu den unbestreitbaren Fortschritten in der Erkenntnis des menschlichen Seins gehört. Ein Vermögen in dem Sinne dieser klassischen Psychologie soll ›Intelligenz‹, wie sie heute im Sprachgebrauch bekannt ist, gewiß nicht sein. Das will sagen, mit ›Intelligenz‹ wird in unserem heutigen Sprachgebrauch nicht eigentlich eine der Funktionen oder Betätigungsformen des menschlichen Gemütes bezeichnet, die neben anderen – etwa neben den Funktionen der Sinne – als eine eigene geistige Funktion ins Spiel und außer Spiel gesetzt werden könnte, sondern Intelligenz ist an allem menschlichen Verhalten darin, oder anders geredet: in jedem intelligenten Verhalten ist der ganze Mensch darin. Es ist eine Möglichkeit des Lebens, in die er sich hineingelegt hat und die sein Menschsein so sehr ausmacht, daß er ihr gegenüber gar nicht die Distanz hat, sie anzuwenden oder nicht anzuwenden, sie ins Spiel zu setzen oder außer Spiel zu setzen.

Aber auch wenn das zugestanden ist, könnte die Prägung des Begriffes ›Intelligenz‹ im heutigen Sinne trotzdem noch etwas von dem alten überwundenen Stadium der Vermögenspsychologie festhalten. Ich meine folgendes: Daß Intelligenz ein formaler Leistungsbegriff ist, wie es uns heute zumeist erscheint, macht sie in gewissem Sinne zu einem Werkzeug. Denn das charakterisiert ja das Wesen des Werkzeuges, daß es für sich nichts, aber für mannigfachen Gebrauch geeignet ist und entsprechend angewendet wird. Es mag ein besonderes Werkzeug sein, das wir mit Intelligenz, mit unserem intelligenten Vermögen, oder wie immer wir uns ausdrücken wollen, bezeichnen, ein besonderes dadurch, daß es schlechterdings universal ist und nicht, wie Werkzeuge sonst, auf bestimmten Gebrauch eingeschränkt und nur für bestimmten Gebrauch geeignet ist. Aber die Frage scheint mir nicht von der Hand zu weisen zu sein, ob nicht der Begriff des Instrumentes, des Werkzeuges zum Gebrauch, der sich bei dem uns heute gewohnten Formalbegriff der Intelligenz notwendig mit einstellt, eine fragwürdige Menschenauffassung und einen fragwürdigen Intelligenzbegriff kennzeichnet.*

Allem unserem Nachdenken über den Menschen und das Tier, über den Menschen und die Maschine ist heute, gemessen an der naiven Selbstverständlichkeit, mit der ehedem vom menschlichen Selbstbewußtsein aus der Begriff des Instinktes oder auch der Begriff der zweckmäßigen

---

* Inzwischen hat der Fortschritt in der Entwicklung von *artificial intelligence* die Intention der vorliegenden Studie vollends bestätigt. Vgl. auch oben S. 25 ff.

Maschine beschrieben worden ist, eines gemeinsam, nämlich die seit Nietzsche nicht mehr übersehbare Skepsis gegen die Aussagen des Selbstbewußtseins. Hatte Descartes im Selbstbewußtsein das *fundamentum inconcussum* aller Gewißheit gesehen, so hat Nietzsche die Parole ausgegeben: »Es muß gründlicher gezweifelt werden.«* In der Tat hat der Begriff des Unbewußten eine ganze Dimension aufgeschlossen, die dem Selbstbewußtsein eine nur epiphänomenale Legitimität beläßt. Auf die Unzweifelhaftigkeit des Selbstbewußtseins aber war die Philosophie der Neuzeit in weitem Umfange begründet. Insbesondere der Begriff der Reflexion, der uns für die Bestimmung aller Phänomene des Geistes unentbehrlich ist, ruht auf diesem Grunde. Reflexion, die freie Zuwendung zu sich selbst, erscheint als die höchste Weise von Freiheit überhaupt. Hier ist der Geist bei sich selber, sofern er nur auf seine eigenen Inhalte bezogen ist. Unleugbar wird mit dieser Freiheit zu sich selber, dieser Urdistanz, ein Wesenszug des Menschen charakterisiert. Es ist wahr, daß irgendwie Abstandnahme von sich selber die Grundvoraussetzung der sprachlichen Weltorientierung darstellt, und in diesem Sinne ist in aller Reflexion in der Tat Freiheit.

Gleichwohl scheint es nicht unbedenklich, angesichts der Kritik des Selbstbewußtseins, die für die Moderne bezeichnend ist, von einer Erhebung in die Dimension des Geistigen zu sprechen, als ob wir uns in diese Dimension durch unseren freien Entschluß erheben und uns in dieser Dimension in freier Weise bewegen könnten. Vielleicht gibt es sehr verschiedene Formen von Reflexion. Jedenfalls steckt schon in allem Können Reflexion. Es macht den Begriff des Kön-

---

* Kritische Gesamtausgabe, Werke Bd. VII/3, 40 [25]; Vgl. auch 40 [10], [20].

nens aus, daß es nicht bloßer Vollzug ist, sondern gegenüber möglichem Vollzug eben schon den Besitz dieser Möglichkeit meint. So gehört es zum Bewußtsein alles echten Könnens, daß es über die Anwendung seines Könnens selbst noch Herr ist. Schon Plato hat auf diese innere Reflexivität im Begriff des Könnens (*techne*) hingelenkt, wenn er betonte, daß jedes Können zugleich das Können seiner selbst und seines Gegenteils ist.* So ist der wahre Könner im Laufen einer, der sowohl schnell als langsam laufen kann. So ist der wahre Könner im Lügen der, der sowohl das Falsche als auch das Wahre weiß und deswegen davor sicher ist, dort, wo er lügen will, aus Versehen die Wahrheit zu sagen. Dieser Begriff des Könnens impliziert eine Art von Distanz gegenüber dem Vollzug und ist insofern prinzipiell durch die Struktur bestimmt, die wir mit Reflexivität meinen. Aber ist diese Reflexion, die im ›freien Können‹ der ›Techne‹ steckt, für die wesenhafte Reflexivität des Menschen das richtige Modell? Die eigentliche Frage ist offen, ob es für den Menschen als solchen eine freie Erhebung in die Distanz zu sich selber gibt und ob die Erhebung ins Geistige, die Erhebung zum Selbstbewußtsein, den Menschen wahrhaft heraushebt aus seiner genötigten endlichen Zeitlichkeit.

In den so anziehenden und scharfsinnigen Erörterungen über den Begriff der ›Demenz‹, die Zutt** uns vorgelegt hat, wird diese Frage dort dringlich, wo er die extremen Formen von Demenz durch den Mangel an Krankheitseinsicht charakterisiert. Zweifellos mit deskriptivem Recht, und doch wird damit ein grundsätzliches Problem ange-

---

* Charmides 166eff. und daneben meine Arbeit ›Vorgestalten der Reflexion‹, Ges. Werke Bd. 6, S. 116ff.
** Der Nervenarzt 35, 7. Heft (1964).

rührt. Was heißt Krankheitseinsicht? Sicher ein wohl umschriebener Tatbestand, sofern man den Begriff der Krankheit mit den Augen des Arztes und der ärztlichen Wissenschaft sieht und die Übereinstimmung der ärztlichen Erkenntnis mit der Selbsteinsicht des Patienten damit meint. Aber als Lebensphänomen ist Krankheitseinsicht offenbar nicht einfach Einsicht im Sinne der Erkenntnis eines wahren Sachverhaltes, sondern wie alle Einsicht etwas schwer Erworbenes und gegen lebendige Widerstände Durchzusetzendes. Es ist bekannt, welche Rolle die Verdeckung der Krankheitseinsicht in mancherlei Erkrankungen des Menschen spielt, vor allem aber, welche Grundfunktion die Verdeckung der Krankheitseinsicht im lebendigen Sein des Menschen besitzt.

Der Kranke erfährt seine Krankheit darin, daß ihm etwas fehlt. Welchen Aufschluß gibt eigentlich dies, daß einem etwas fehlt, über das, was fehlt? Daß schwere Fälle von Demenz mit Krankheitseinsicht unvereinbar sind und insbesondere, daß oft schon Anfangsformen einer solchen dagegen sperrig sind, muß nachdenklich machen. Gewiß ist es eine unverfängliche Feststellung der Wissenschaft, daß der Mensch in einem solchen bestimmten Zustand, den sie – von einem Begriff des Normal-Gesunden aus – als Krankheit bezeichnet, die Fähigkeit verloren hat, zu sich selber Distanz zu nehmen und einzusehen, daß er krank ist, ja vielleicht sogar, daß eine gewisse Erkrankung in dem Verlust solcher Distanz zu sich selbst wesentlich besteht. Indessen kann die Feststellbarkeit eines solchen Extremzustandes die Frage nicht ausschließen, ob nicht gerade die Reflexionsfähigkeit, die Möglichkeit der Distanz zu sich selbst, für alle geistigen Erkrankungen eine notwendige Bedingung darstellt. Ob das nicht einschließt, daß Krankheitseinsicht

74

bzw. Fehlen derselben für den Kranken selber nicht einfach Einsicht in etwas, was ist, bedeutet?

In der Tat bestätigt sich an vielen konkreten Gestalten des Selbstbewußtseins, zu denen etwa Selbstkritik – aber auch Kulturkritik – und schließlich auch Krankheitseinsicht gehören, die Notwendigkeit, mit Nietzsche an den Aussagen des Bewußtseins zu zweifeln.* Man kann nicht Einsicht in das, was ist, als eine freie Möglichkeit des Menschen voraussetzen, in der sein eigentliches Wesen bestehe, und zu der er sich in überlegener Distanznahme jederzeit erheben könne, ohne in einen naiven Dogmatismus zu verfallen. Einsicht und Distanzmöglichkeit solcher Art bleiben vielmehr auf schwer beschreibbare Weise an die Person im ganzen ihrer Lebenssituation gebunden. Gewiß zeichnet es den Menschen aus – gegenüber jenen bewundernswerten Künsten und Fertigkeiten, die Biene und Biber, Ameise und Spinne zeigen –, daß er sich seines Könnens jeweils bewußt ist und daher die erstaunliche Fähigkeit besitzt, sein gelerntes Können unter Umständen ›absichtlich‹ nicht anzuwenden, also Freiheit auch noch seinen Künsten gegenüber zu betätigen. Dennoch ist solche Freiheit wie überhaupt die der reflexiven Distanz zu sich selber ein problematisches Ding. Ihr zu folgen ist nicht selbst wieder ein freier Akt, sondern ist motiviert, hat Bedingungen und Beweggründe, die nicht selber aus freiem Können verwaltet werden. So ist es nur eine formale Ähnlichkeit, die solches Können mit dem Werkzeug hat, das man nach freiem Belieben ergreift und weglegt. Jedes Können ist Sein.

Das ist der Grund, warum die Struktur der Reflexivität nicht immer mit dem Begriff der Vergegenständlichung ver-

---

* Zu Nietzsche vergleiche mein ›Text und Interpretation‹, Ges. Werke Bd. 2, Nr. 24, S. 330ff.

knüpft ist. Das eigene Selbst, dessen man sich reflexiv bewußt ist, ist nicht in dem Sinne Gegenstand, wie wir sonst ein objektivierendes Verhalten der Erkenntnis auf einen Gegenstand gerichtet nennen, der als erkannter gleichsam seine Widerstandskraft verliert, besiegt ist, verfügbar wird. *Natura parendo vincitur.* Reflexivität als die Möglichkeit der Distanz zu sich selber meint nicht ein Gegenüber zu einem Gegenstande. Sie ist vielmehr in der Weise im Spiel, daß sie mit dem gelebten Vollzuge mitgeht. Das ist unsere eigentliche Freiheit, daß so im ›Mitgehen‹ mit den Lebensvollzügen Wahl und Entscheidung ermöglicht werden, und eine andere Freiheit zu sich selbst, zu der wir uns selbst aus freiem Entschluß erheben, gibt es nicht. Reflexives Mitgehen mit dem Vollzuge, nicht vergegenständlichendes Gegenübertreten, gehört zu einer Handlung, die wir ›intelligent‹ nennen.

Das will gewiß sagen, und das ist das Reflexionsmoment darin, daß die Unmittelbarkeit des Zugehens auf etwas gebrochen, daß, mit Hegel zu reden, die Begierde gehemmt und eben damit das Ziel als solches bewußt, d. h. als Unerreichtes festgehalten, als Zweck ›gesetzt‹ wird. Bewußtsein ist insoweit Bewußtsein einer Störung. Die Schilderung der Affenversuche Köhlers geben eine gute Illustration dafür. Die gehemmte Begierde nach der Banane führt zum ›Nachdenken‹, d. h. unter Festhalten des Begierdezieles zum umwegigen Rückgang auf anderes, das als solches gar nicht Ziel ist, d. h. zur Mittelwahl. Aber solch ein ›Mittelding‹ ist nicht eigentlich Gegenstand einer Zuwendung, so wenig wie die eigene Hand ›Gegenstand‹ wird, wenn sie das Ziel im bloßen Ausstrecken des Begehrens nicht zu erreichen vermag. Vielmehr drängt diese Zuwendung und dieses zielgerichtete und zugleich vom Ziel sich abwendende Nachdenken von sich aus in die Aktion, die das Ziel erreicht und alsdann die ›zuhandenen‹ Mittel wegwirft. Der Störung entspricht die Entstörung, d. h. die Zurücknahme der Zuwendung zu sich selbst.

Das scheint mir das Modell, nach dem alle Selbstreflexion, insbesondere auch die in der eigenen Krankheitseinsicht betätigte, gesehen werden muß. Auch da handelt es sich nicht um Vergegenständlichung meiner selbst, durch die Krankheit ›festgestellt‹ wird, sondern um ein auf sich Zurückgeworfenwerden, weil einem etwas fehlt, d. h. um Störung, die schon auf eine Entstörung hingerichtet ist, und sei es durch Unterwerfung unter Einsicht und Eingriff des Arztes. Krankheit ist primär nicht jener feststellbare Befund, den die medizinische Wissenschaft als Krankheit deklariert, sondern ist eine Erfahrung des Leidenden, mit der er, wie mit jeder anderen Störung, fertig zu werden sucht.

Krankheit wird also vom Erkrankten in der Regel selbst als nicht mehr übersehbare Störung erfahren. Daß einem etwas fehlt, gehört in den Zusammenhang von Balance, und d. h. im besonderen: jener Wiederherstellung des Gleichgewichts aus allen Schwankungen des Befindens, die die Befindlichkeit des Menschen ausmacht. Innerhalb dieses Zusammenhangs stellt sie den Fall des Umschlags aus dem sich selbst herstellenden Gleichgewicht in das verlorene Gleichgewicht dar. Das muß im Auge behalten werden, wo immer die Rolle der Krankheitseinsicht zum Problem wird. An sich gehört es zu den Balancekünsten des Lebens, daß man das Störende zu vergessen oder zu betäuben betrachtet, und zu den Mitteln solcher Balancierungskunst gehört gerade auch intelligentes Verhalten, etwa in der Form des Selbstbetrugs, des scharfsinnigen Nichtwahrhabenwollens der Krankheit. Denn Krankheit als Verlust der Gesundheit, der ungestörten ›Freiheit‹, bedeutet stets eine Art Ausgeschlossenheit vom ›Leben‹. Deshalb stellt Krankheitseinsicht ein Lebensproblem dar, das die Gesamtperson betrifft, und keineswegs einen freien Akt der Intelligenz, die Distanz zu sich selber nimmt und sich auf sich selbst und die erfahrene Störung vergegenständlichend wendet. Zu diesem Lebensproblem gehört all das, was der Arzt als den ›schwierigen‹ Patienten kennt, d. h. aller Widerstand gegen den Arzt und gegen das Eingeständnis der eigenen Ohnmacht und Bedürftigkeit. Da kann es geradezu einen Grad von Intelligenz bezeugen, daß einem die Unterordnung unter die Autorität des Arztes schwer wird. Ob als Einsicht oder als verblendete Uneinsichtigkeit – jedenfalls ist Reflexion hier nicht eine freie Zuwendung zu sich selbst, sondern steht unter dem Druck des Leidens, des Lebenswillens, der Fixiertheit an Arbeit, Beruf, Prestige oder was immer.

Das Eingreifen des Arztes ändert an dieser Situation nichts Grundsätzliches. Er tritt in die Lebenssituation ein, die zur Krankheitseinsicht genötigt hat. Er soll helfen, und zwar zur Wiederherstellung des verlorenen Gleichgewichts, und gerade der heutige Heilkundige weiß, daß das nicht nur bedeutet, somatische Defekte zu beseitigen, sondern die Lebenssituation des steuerlos Gewordenen wieder ins Gleichgewicht zu bringen. Ärztliches Eingreifen ist daher stets selber in der Gefahr, im Helfen das Gleichgewicht erneut zu stören, nicht nur durch einen ›gefährlichen‹ Eingriff, der andere Balanceverhältnisse stört, sondern vor allem auch wegen der Placiertheit des Kranken in einem unüberschaubaren Gesamt psychischer und sozialer Spannungsverhältnisse.

Geht man von hier aus an die Geisteskrankheit heran und an die Frage, welche Rolle da die Intelligenz spielt, so gilt ganz gewiß, daß Geisteskrankheit – welche auch immer – ein Gleichgewichtsverlust ist, und es fragt sich, ob und wieweit derselbe das intelligente Verhalten mit umfaßt, das zur Einsicht fähig macht. Der gewohnte Gebrauch des Begriffes Intelligenz kann uns hier leicht beirren, so daß wir verkennen, daß ein erkrankter ›Geist‹ durchaus nicht an ›Intelligenzschwund‹ zu leiden braucht. Daher war die Mitteilung Langers über die durchschnittlich besonders hohe Intelligenz der Neurotiker recht instruktiv. Bestimmt man Krankheit als Gleichgewichtsverlust, so ist leicht verständlich, daß das formale Vermögen, das man Intelligenz nennt, von dem ›Geisteszustand‹ des Kranken unabhängig sein kann. Denn unter Geisteszustand verstehen wir jedenfalls nicht den Zustand eines formalen Vermögens, sondern all das mit, was einer im Kopfe hat, welche Anschauungen ihn erfüllen, welche Ordnung der Werte ihn leitet, welche wesentlichen Ziele ihm vorschweben und das Gleichgewicht seines Lebens mittragen oder zerstören. Daß es Krankheitsbilder gibt, bei denen auch die ›Intelligenz‹, die Fähigkeit zur reflexiven Distanz schlechthin erloschen ist, bedeutet vielleicht doch weniger, daß der Ausfall eines formalen Vermögens als daß der Verfall einer menschlichen Person der Kern der Sache ist. Das Gleichgewicht, das wir geistige Gesundheit nennen, ist eben ein Zustand der Gesamtperson, die nicht einfach ein Bündel von Leistungen ist, und betrifft das gesamte Weltverhältnis.

Nun könnte man freilich einwenden, daß wir doch nicht umsonst von ›geistiger‹ Erkrankung sprechen. Was heißt da ›Geist‹? Schließt er nicht immer die freie Selbstbezüglichkeit, die Distanz zu sich selber ein, ein Zugehören zu der Dimension des Geistigen? Diese Frage stellt sich mit erneuter Dringlichkeit, wenn man, vom intelligenten Verhalten der Tiere kommend, die besondere Intelligenz des Menschen zu bestimmen sucht. Er ist das Wesen, das Sprache hat. Denn ohne Zweifel ist die Sprachlichkeit unseres Weltverhaltens mit seiner Geistigkeit eng verknüpft. Wenn man von der Lebenssituation und ihrer Bewältigung ausgeht, mag zwar die Dimension des Geistigen wie eine andere Dimension erscheinen, der Geist vielleicht, wenn nicht als eine Art Widersacher des Lebens, so doch als Ausdruck eines Zerfalls des Lebens mit sich selber, das seine gewohnten Bahnen nicht mehr fraglos zieht und eine Welt des eigenen Meinens, eine sprachlich ausgelegte Welt aus sich heraus ›vorstellt‹. In ihr sieht es sich von Möglichkeiten umgeben, zwischen denen es zu wählen hat. Wählenkönnen könnte man nun auslegen als ein Mittel, das zu einem vorgezeichneten Zwecke, der Erhaltung seiner selbst, des Wohlergehens des Menschen, geeignet und notwendig ist, und die Natürlichkeit der Sprache scheint das gleiche zu bezeugen: Sie ist das geistigste aller Verständigungsmittel. Insofern wäre auch Intelligenz ein solches ›Mittel‹, das den Menschen sein Leben fristen läßt. Seine Erkrankung ist wie jede andere auch ein Ausfall und je nach dem Grade des Ausfalls verschieden, bis zu dem Punkte, daß jede Krankheitseinsicht unmöglich ist.

Aber gerade das genügt nicht. Vielmehr charakterisiert es die Grundverfassung des Menschen, daß zwar auch seine Natur ihrer Erfüllung zustrebt wie die jedes Lebendigen, daß aber das, worin für ihn Erfüllung besteht, nicht fraglos feststeht, sondern daß er es sich selbst zum Ziele setzt. Die Mannigfaltigkeit der Möglichkeiten, auf die er sich hin versteht und unter denen er wählt, sind Selbstauslegungen, die der Ausgelegtheit der Welt durch die Sprache entsprechen. Aristoteles hat, wie ich meine, richtig geurteilt, wenn er den

Sinn für das Förderliche und Schädliche, der den Menschen als das ζῷον λόγον ἔχον gegenüber der Unmittelbarkeit der tierischen Begierde bezeichnet, sogleich in den Sinn für das ›Rechte‹ übergehen läßt.* Die Sprache, die beides zu sagen weiß, ist nicht nur ein Verständigungsmittel zu beliebigen Zwecken, dient also nicht nur dem Förderlichen und der Vermeidung des Schädlichen – sie legt auch erst die gemeinsamen Zwecke fest und verantwortet sie, in denen die Menschen sich von Natur ihre gesellschaftliche Daseinsform geben.

Darin ist gewiß ›Distanz‹, aber diese Ferne der Möglichkeiten ist dem Menschen zugleich das Allernächste, das, worin er lebt. Sie sind nicht ein Gegenstandsfeld von sachlicher Feststellbarkeit, sondern seine menschlichen Möglichkeiten gehören wie die Welt selbst zu jenem Ganzen, in dem heimisch zu werden, in dem sich einzurichten für den Menschen Leben bedeutet. Dieses menschliche Leben ist von Krankheit, d. h. von Gleichgewichtsverlust bedroht, und da es menschliches Leben ist, wird der Gleichgewichtsverlust stets ein das Ganze treffender, immer auch das seelische Gleichgewicht mittreffender sein. Vollends dort, wo der Arzt von ›geistiger‹ Erkrankung redet, handelt es sich um einen Gleichgewichtsverlust: Daß wir dieses Umgebensein von Möglichkeiten nicht mehr bewältigen, ist ein Versagen der geistigen Selbstbalancierung, das nicht unabhängig ist von dem Horizont der Möglichkeiten, die uns umgeben, sei es, daß sie die Gleichgewichtslage, in der wir uns befinden, miterhalten, sei es, daß sie dieselbe in der ekstatischen Verlorenheit und Fixiertheit an ein Einziges zerstören. Von sol-

---

* Vgl. die öfter zitierte Stelle aus Aristoteles' Politik A2, 1253a 13 ff. Vgl. auch meinen Aufsatz ›Mensch und Sprache‹, Ges. Werke Bd. 2, Nr. 11, S. 147 ff.

chen Gefährdungen finden wir in den Instinktzügen der tierischen Lebenswelt nichts. Was dort intelligent anmutet oder ist, meint intelligente Formen des Instinktgehorsams, d. h. des Verhaltens zur Erreichung festgelegter Ziele. Menschliche Intelligenz dagegen betrifft die Zielsetzung selber, die Wahl der rechten Lebensweise (*bios*). Sie ist nicht bloße Anpassungsfähigkeit, Findigkeit und geistige Gelenkigkeit in der Bewältigung vorgegebener Aufgaben, worin selbst ein Psychopath dem ›Gesunden‹ überlegen sein kann. Hier liegt eine spezifische methodische Aporie aller Intelligenzprüfung, daß sie den Prüfling – und sei es mit noch so raffinierter Tarnung – vor Aufgaben stellt, die er nicht selber als die seinen wählt und weiß. Es scheint mir daher eine grundsätzliche Verarmung in der Begriffsbildung, wenn man den Begriff der menschlichen Intelligenz in Analogie zur tierischen zu bestimmen sucht.

Damit denkt man nämlich die menschliche Person von den Instinktzwängen her, die den tierischen Daseinsformen zukommen. Was dort ›Intelligenz‹ verrät, ist etwas anderes als beim Menschen, dessen Instinktgebundenheit durch eine machtvolle Institutionalisierung der kulturellen Lebenseinrichtung überformt ist. Für ihn muß Intelligenz etwas ganz anderes bedeuten. Unversehens läßt der formale Intelligenzbegriff die menschliche Person selber zum Werkzeug, zum manipulierbaren Leistungsbündel werden, dessen maximale Eignung für ausgemachte Zwecke den sozialen Normbegriff der Intelligenz festlegt. ›Jemand gehört der Intelligenzschicht an‹ meint daher seine sozialpolitische Qualifikation, seine Brauchbarkeit für staatliche Zwecke in den Augen einer planenden und dirigierenden Behörde. Es ergibt sich das erstaunliche Resultat, daß die Rede von der Intelligenz der Tiere nicht ein verdächtiger *Anthropomorphismus* ist, sondern daß die übliche Rede von der Intelligenz des Menschen, die durch das Normideal eines Intelligenzquotienten meßbar ist, einen geheimen und undurchschauten *Theriomorphismus* darstellt.

Es scheint mir die Bedeutung der Psychiatrie auszumachen, daß sie von der Erfahrung der Geisteskrankheit her dem zu widersprechen hat. In der geistigen Erkrankung wird die doppelte Richtung des Heimischwerdens, die das menschliche Leben ausmacht, in der Welt und in sich selbst, nicht mehr bewältigt. In ihr fallen nicht so sehr bestimmte Fähigkeiten aus, als daß eine uns allen beständig aufgegebene Aufgabe mißlingt, das Gleichgewicht zwischen unserer *animalitas* und dem, worin wir unsere humane Bestimmung erblicken, zu halten. Unsere Verfassung verfällt bei der geistigen Erkrankung nicht einfach ins Animalisch-Vegetative, sondern selbst die Deformation des Gleichgewichts ist noch eine geistige. Sie erscheint, wie Bilz* einleuchtend gezeigt hat, strukturell als Wucherung, die zu den Wesensmöglichkeiten des Menschen gehört. Auch der völlige Verlust an Distanz zu sich selber, der manchen Demenzformen eigen ist, muß, meine ich, noch immer als ein menschlicher Gleichgewichtsverlust gedacht werden. Wie aller Gleichgewichtsverlust ist auch der ›geistige‹ dialektisch, der Wiederherstellung fähig, aber zur schließlichen Zerstörung durch Totalverlust führend, wenn die Wiedergewinnung des Gleichgewichts dauerhaft nicht gelingt. So bleibt die Geisteskrankheit noch in ihrem gespenstischen Unheil ein Siegel dessen, daß der Mensch nicht ein intelligentes Tier, sondern ein Mensch ist.

* Der Nervenarzt 35 (1964).

In unserer Besinnung geht es um mehr als um den bloßen Wandel des Todesbildes, wie es durch die Jahrtausende menschlichen Gedächtnisses auf uns gekommen ist, sei es in der Deutung der Religionen oder in den Lebensordnungen der Menschen. Es geht um einen viel radikaleren und spezifisch heutigen Vorgang, um das Schwinden des Todesbildes in der modernen Gesellschaft. Das ist es, was offenkundig unsere Besinnung verlangt. Es geht um etwas, was man eine abermalig neue Aufklärung nennen möchte, die nun alle Schichten der Bevölkerung ergreift und für die die technologische Beherrschung der Wirklichkeit mit Hilfe der blendenden Erfolge der modernen Naturwissenschaft und des modernen Nachrichtenwesens die alles tragende Grundlage bildet. Sie hat eine Entmythologisierung des Todes herbeigeführt.

Wenn man genau sein will, müßte man besser von einer Entmythologisierung des Lebens reden – und damit auch der des Todes. Denn das ist die logische Ordnung, in der sich die neue Aufklärung durch Wissenschaft ausbreitet. Es hat etwas Faszinierendes, daß die moderne Wissenschaft die Entstehung des Lebens im Weltall nicht mehr als eine wunderbare Tatsache oder als ein unkalkulierbares Spiel des Zufalls ansieht, sondern entscheidende naturwissenschaftliche Kausalitäten zu benennen weiß, die in einem im groben bereits verständlichen Evolutionsprozeß zur Entstehung des Lebens auf unserem Planeten mit allen seinen weiteren Entwicklungen geführt haben. Man wird auf der anderen Seite auch nicht übersehen, daß die industrielle Revolution und ihre technischen Folgen die Erfahrung des Todes im Leben der Menschen tatsächlich gewandelt haben. Nicht nur, daß die Begräbnisprozession aus dem Stadtbilde verschwunden ist – bei deren Vorbeizug ein jeder vor der Majestät des Todes den Hut abnahm. Tiefer greift noch die tatsächliche Anonymisierung des Sterbens in den modernen Kliniken. Neben dem Verlust an öffentlicher Darstellung des Geschehens tritt damit die Herauslösung des Sterbenden und seiner Angehörigen aus der häuslichen und familiären Umwelt. Sie fügt den Sterbefall in einen technischen Betrieb industrieller Produktion ein. Einer der zahllosen Fertigungsprozesse des modernen Wirtschaftslebens, wenn auch einer negativen Art, ist das Sterben geworden, wenn man auf diese Veränderungen blickt. Und doch gibt es vielleicht keine Erfahrung im Leben des Menschen, die so deutlich die Grenzen markiert, die der modernen Naturbeherrschung mit Hilfe von Wissenschaft und Technik gesetzt sind. Gerade die enormen technischen Fortschritte, die in der oft künstlichen Erhaltung des Lebens erzielt werden, manifestieren die absolute Grenze unseres Könnens. Die Lebensverlängerung wird am Ende zur Sterbensverlängerung und zum Verdämmern von Ich-Erfahrung überhaupt. Sie gipfelt in dem Schwinden der Erfahrung des Todes. Die moderne Chemie der Betäubungsmittel depossediert die leidende Person. Die künstliche Aufrechterhaltung der vegetativen Funktionen des Organismus macht den Menschen zu einem Glied in einem maschinellen Vorgang. Der Tod selbst wird wie ein Schiedsspruch von dem Entschluß des behandelnden Arztes abhängig. All das schließt zugleich die Überlebenden von der Teilnahme und Teilhabe an dem unwiderruflichen Geschehen aus. Selbst die von den Kirchen angebotene Seelsorge findet oft nicht mehr den Zugang; nicht zu den Sterbenden, nicht zu den Teilnehmenden.

Dabei nimmt die Erfahrung des Todes in der Geschichte der Menschheit eine ganz zentrale Stellung ein. Man darf vielleicht sogar sagen: Sie leitet seine Menschwerdung ein. Soweit unser menschliches Gedächtnis reicht, sehen wir dies als die unbestrittene Auszeichnung menschlicher Lebewesen, daß sie ihre Toten bestatten. Schon in sehr frühen Zeiten haben sie das unter einem unendlichen Aufwand an Feierlichkeit, an Schmuck und Kunst getan, die sie an die Ehrung des Toten wendeten. Was alles an Herrlichkeiten bildender Kunst, die wir bewundern, in Wahrheit Weihgaben waren, ist für den Laien eine immer neue Überraschung. Damit steht der Mensch unter allen Lebewesen einzig da, so einzig, wie durch den Besitz der Sprache, oder vielleicht noch ursprünglicher. Jedenfalls reicht die Dokumentation des Totenkults in der Frühgeschichte weit hinter die Überlieferung menschlicher Sprache zurück.

Es ist gewiß nicht möglich, die Vorstellungswelt zu rekonstruieren, die den alten Totenbräuchen zugrunde lag. Indessen, was auch immer die religiösen Vorstellungen von Leben und Sterben gewesen sein mögen, die in den verschiedenen Phasen unserer Frühgeschichte die Totenkulte getragen haben, es dürfte sich doch ein Gemeinsames sagen lassen: Sie alle bekunden, daß die Menschen das Nicht-da-Sein des Verstorbenen, sein Abgeschiedensein, sein endgültiges Nicht-mehr-Dazugehören nicht wahrhaben konnten und wollten. Darin liegt ein unübersehbarer Hinweis auf den Zusammenhang zwischen unserem bewußten und selbstbewußten Daseinsgefühl und der Unbegreiflichkeit des Todes. Es liegt für jeden, der am Leben ist, etwas Unbegreifliches in der Tatsache, daß dieses in die Zukunft hinausdenkende menschliche Bewußtsein eines Tages erlischt. Entsprechend ist das Eintreten dieses Erlöschens in den Augen derer, die dabei sind, etwas Unheimliches. Ein schönes Dichterwort Hans Carossas weiß etwas von der Selbstverständlichkeit des menschlichen Daseins und Daseinsgefühls und seines Endes auszudrücken. Die Verse lauten: »Wir hören's nicht, wenn Gottes Weise summt, wir hören's erst, wenn sie verstummt.«

Im Blick auf unsere aufgeklärte Kulturwelt hat es Sinn, von einer geradezu systematischen Verdrängung des Todes zu sprechen. Man muß nur daran denken, wie frühere Riten und Kultordnungen dem Tod im Leben der Gesellschaft einen feierlichen Platz anwiesen und wie die Hinterbliebenen in das gemeinsame Leben und Weiterleben durch ihre zeremoniellen Bräuche eingebettet blieben. Manches davon lebt noch heute nach – und doch sind etwa die Klageweiber alter Kulturen, die die Trauer aller zu dramatischer Darstellung brachten, dem heutigen Zivilisationsmenschen gewiß nicht mehr denkbar und erträglich.

Auf der anderen Seite muß man die Verdrängung des Todes als eine urmenschliche Haltung des Menschen begreifen, die er zu seinem eigenen Leben einnimmt. Er gehorcht ja damit nur dem, daß sich die ganze Weisheit der Natur in diese eine Aufgabe zusammennimmt, den Existenzwillen der Kreatur auf jede Weise zu stärken, sowie diese vom Tode bedroht ist. Die Kraft der Illusionen, mit denen Schwerkranke oder Sterbende an ihrem Lebenswillen festhalten, redet eine unmißverständliche Sprache. Man muß sich fragen, was überhaupt Wissen um den Tod heißt. Es gibt etwas wie einen tiefen Zusammenhang zwischen dem Wissen um den Tod, dem Wissen um die eigene Endlichkeit, d. h. der Gewißheit, daß man eines Tages sterben muß – und auf der anderen Seite dem geradezu impetuosen gebieterischen Nicht-wissen-Wollen dieses derart Gewissen.

In einer tiefsinnigen Umdeutung ältester mythischer Überlieferung hat der griechische Tragiker Aischylos in seinem Prometheus-Drama die Frage des Todes und seiner Bedeutung für das menschliche Leben gedeutet. Der Menschenfreund Prometheus rühmt dort, daß das Verdienst, das er sich für den Menschen erworben habe, nicht so sehr die Gabe des Feuers und die mit der Beherrschung des Feuers verbundene Kunstfertigkeit aller Art sei, sondern dies, daß er ihm das Wissen um seine Todesstunde genommen habe. Bevor er, Prometheus, diese Gabe des Verbergens des eigenen Todes zu den Menschen gebracht habe, hätten dieselben armselig und untätig in Höhlen gelebt und nichts von jenem dauernden Kulturwerk geschaffen, das sie vor allen anderen Lebewesen auszeichnet.

Der Tiefsinn dieser Geschichte liegt darin, daß der Dichter hinter die überlieferte Sage von der Gabe des Feuers und der Erweckung der Kunstfertigkeit zurückfragt und deren letzte und tiefste Motivation gleichsam in die eigentliche Gabe umdeutet. Er übertrifft damit den Kulturstolz der antiken Aufklärung, wie sich das in der dem Protagoras in den Mund gelegten platonischen Formel ›Kunstverstand und Feuer‹ (ἔντεχνος σοφία σὺν πυρί, Prot. 321 d) darstellt. Es ist die Motivation durch den Todesbezug, die dem Drama des Aischylos seine Tiefe gibt. Diese Gabe besteht darin, daß der Vorausblick des Menschen in die Zukunft dieser seiner Zukunft den Charakter einer so greifbaren Gegenwart leiht, daß er den Gedanken des Endes nicht zu fassen vermag. Einer hat Zukunft, solange er nicht weiß, daß er keine Zukunft hat. Die Verdrängung des Todes ist der Wille des Lebens. Insofern steht das Wissen um den eigenen Tod unter merkwürdigen Bedingungen. Man kann sich etwa fragen, wann das Kind den Tod begreifen lernt. Es ist mir nicht sicher, ob es darauf in der modernen Psychologie eine einigermaßen gesicherte Antwort gibt, die wenigstens für die aufgeklärte Gesellschaft unseres Kulturkreises Geltung hätte. Vermutlich gehört es zu dem beschriebenen inneren Zusammenhang von Leben und Verdrängung des Todes, daß das Wissen um das eigene Sterbenmüssen, auch dann, wenn es sich langsam als ein tiefstes inneres Wissen im heranwachsenden Menschen befestigt, wie verhüllt bleibt. Und selbst wo das klarste gereifteste Wissen um den bevorstehenden Tod sich regt und nicht länger verbergen läßt, ist in manchen Menschen der Lebenswille und der Zukunftswille bekanntlich so stark, daß sie nicht einmal die rechtlichen Formen eines letzten Willens zu vollziehen bereit sind. Andere wieder behandeln die Verfügung über ihr Eigenes, die sie im letzten Willen fixieren, fast wie eine Art Bestätigung des eigenen Lebens und Noch-Daseins.

Nun darf man gewiß sagen, daß die moderne Zivilisationswelt die Verdrängungstendenz, die im Leben selber wurzelt, voll Eifer und Übereifer gleichsam zu institutioneller Perfektion zu bringen sucht und deshalb die Erfahrung des Todes völlig an den Rand des öffentlichen Lebens schiebt. Es ist ein erstaunliches Phänomen, daß sich gleichwohl gegen diese Tendenz der Zivilisation ein beharrlicher Widerstand bildet. Nicht nur, daß die religiösen Bindungen, die in den Formen des Begräbnisses und des Totenkults fortleben, ja bei einem Todesfalle oft wieder aufleben. In anderen Kulturen, in denen die Gewalt der modernen Aufklärung sich erst langsam durchsetzt, gilt das noch viel mehr, zumal das religiöse Herkommen hier viel reichere Formen ausgebildet hatte. Aber selbst in einem Zeitalter des sich ausbreitenden Massenatheismus werden auch von den Ungläubigen und in Wahrheit ganz Säkularisierten solche Kultformen aufrechterhalten. So, wenn es um die Feste des Lebens geht, um die christliche Taufe und die christliche Eheschließung, und vollends, wenn es um die Feste des Sterbens geht, um das christliche Begräbnis und die Gedenkfeier. – Selbst in atheistischen Ländern ist das christliche oder anderes religiöses Brauchtum neben der mitunter politisch und weltlich aufgebauten Totenehrung zugelassen. Auch wenn das nur als eine Konzession auf Zeit gedacht sein sollte, spricht sich auch dann viel darin aus. – Erst recht gilt das von den säkularisierten Gesellschaften der sogenannten freien Welt. Überall bleibt gleichsam als die andere Seite der Wegdrängung des Todes die Scheu vor dem Mysterium des Todes im Lebensbewußtsein des Lebenden, der Schauder vor seiner Heiligkeit, das Unheimliche, das um das Verstummen waltet, das endgültige Scheiden eines, der eben noch am Leben war. Hier scheint insbesondere die genealogische Einheit der Familie eine tiefeingewurzelte religiöse Lebenskraft zu verteidigen. In manchen Kulturen, etwa in Japan oder im alten Rom, hat der Ahnenkult eine geradezu bestimmende religiöse Funktion besessen. Aber auch im Raum der abendländischen Christenheit behält die Totenverehrung ihren festen Platz. Sie umfaßt am Ende eine ganze Generationenfolge der Toten, die im Gedächtnis und in der Verehrung gehalten werden und bildet in ihrer christlichen oder anderer religiösen Gestaltung eine Art Gegenstück zu der eigenen Ordnung des Lebens. Das mag in unserer westlichen Welt heute bis zu rationalen Diesseitigkeitsformen der Organisation transformiert werden – etwa in der Kontrasterfahrung von ›Auflassung‹ der Gräber auf unsern Friedhöfen. Noch in solchen bürokratischen Transaktionen spricht sich etwas von Wissen um die Besonderheit des Totenkults aus. Das mag an einem Beispiel gezeigt werden. Es ist eine uralte Erfahrung, die jenseits aller religiösen Transzendenzgedanken bis heute ihre Lebenskraft beweist, daß der endgültige Abschied, den der Tod von den Hinterbliebenen verlangt, zugleich eine Verwandlung des Bildes des Toten im Bewußtsein und Gedächtnis der Überlebenden stiftet. Daß man über Tote nichts als Gutes sagen soll, ist eine Vorschrift, die man kaum so nennen kann. Es ist ein geradezu unstillbares Bedürfnis des menschlichen Gemüts, die in die Dauer der Abgeschiedenheit verwandelte Gestalt des Verstorbenen nicht nur im Gedächtnis festzuhalten, sondern in ihrer produktiven, positiven, gleichsam ins Ideale veränderten und als Ideal unveränderlich gewordenen Gestalt in sich aufzubauen. Es ist kaum zu sagen, was das eigentlich ist, daß mit dem endgültigen Abschied eine Art veränderter Gegenwart des Abgeschiedenen zur Erfahrung kommt.

Man versteht noch von solchen säkularisierten Gedächtnisformen her die tiefen Antriebe, die hinter den religiösen Jenseitsvorstellungen liegen, und nicht zuletzt das Bedürfnis, an die Unsterblichkeit der Seele zu glauben und an ein Wiedersehen im Jenseits. Diese christliche Vorstellung, die in vielen heidnischen Kulten ähnliche Entsprechungen hat, bringt beredt zum Ausdruck, wie das Wesen des Menschen die Überwindung des Todes gleichsam fordert. Was in gläubigen Gemütern als eine unerschütterliche Gewißheit, in anderen vielleicht mehr wie ein melancholisches Heimweh lebt – nirgends wird es doch als eine mit leichter Hand beiseite geschobene Nichtigkeit behandelt. Es sieht so aus, als ob die Verdrängung des Todes, wie sie zum Leben selbst gehört, von den Überlebenden auf eine ihnen selbstverständliche Weise wiedergutgemacht werden muß. Religiöser Glaube und reine Weltlichkeit kommen darin überein, die Majestät des Todes zu ehren. Die Angebote wissenschaftlicher Aufklärung finden an dem Mysterium des Lebens und des Sterbens eine unübersteigbare Grenze. Mehr noch, an dieser Grenze kommt eine wahre Solidarität aller Menschen miteinander zum Ausdruck, indem sie alle das Geheimnis als solches verteidigen. Wer lebt, kann den Tod nicht annehmen. Wer lebt, muß den Tod annehmen. Wir sind Grenzgänger zwischen Diesseits und Jenseits.

Man wird erwarten müssen, daß eine solche Grenzerfahrung, über die nur religiöse Botschaften einen Überschritt und Hinausblick gestatten, dem philosophischen Gedanken wenig Raum für seine Denkfragen, Denkgründe, Denkschritte läßt. – Vor allem aber, daß Philosophie nicht ohne ständigen Blick auf das religiöse Jenseits (ob Verheißung oder Strafandrohung, etwa im Totengericht) den Menschen angesichts des Todes überhaupt denken kann. Das aber bedeutet für das, was man bei uns Philosophie nennt, daß nur im Blick auf das griechische Heidentum und auf den jüdisch-christlich-mohammedanischen Monotheismus die Frage der Philosophie überhaupt gestellt werden kann.

So muß das griechische Denken sich fragen: Wenn die untrennbare Zusammengehörigkeit von Leben und Tod und ihre scharfe wechselseitige Ausschließlichkeit das ganze Gewicht der Tatsächlichkeit für sich hat, wie soll man dann das Göttliche denken können? Als das Unsterbliche, als die Unsterblichen sollen die Götter ja zugleich ein Höchstes, im höchsten Sinne Lebendiges sein. Das führt das Denken dazu, im Lebendigen selber zwischen dem, was nicht stirbt, und dem, was den Tod erfährt, zu unterscheiden: Die Seele wird als unsterblich angesehen und teilt so in der Bezeichnung durch das gleiche Wort, *athanatos*, auch das Wesen mit den Göttern, den Unsterblichen. Der erste griechische Denker, der die innere Zusammengehörigkeit nicht nur von

Leben und Tod, sondern auch von Unsterblichen und Sterblichen mit Kühnheit ausgesprochen hat, ist wohl Heraklit in manchen seiner Rätselworte. Eines lautet geradezu: ›Unsterbliche Sterbliche, sterbliche Unsterbliche – lebend jener Sterben, jener Leben gestorben.‹ (Frg. 62) Wie man immer die Auflösung dieses Rätsels denken mag, sie kann nicht gelingen, ohne die Psyche, die Seele, zu denken, in der sich das sich Ausschließende verschlingt.

Dieser Konsequenz stellt sich der platonische ›Phaidon‹, jenes Gespräch des zum Tode verurteilten Sokrates mit seinen Freunden an dem Tage, an dessen Abend er den Giftbecher zu trinken hatte. Die religiöse Gelassenheit, mit der Sokrates hier alle Argumente gegen die Unsterblichkeit der Seele prüft und zurückweist, ist der stärkste Zuspruch, den das Kind in uns, das durch keine Argumente je ganz zu trösten ist, in der antiken Welt gefunden hat. Der sterbende Sokrates wurde so das Vorbild aller Späteren. Ich erinnere nur an den stoischen Weisen und seine Unerschütterlichkeit gegenüber dem Tode, in der er sich gleichsam als der Freie beweist. Selbst noch für den Selbstmord, der bei ihm nicht verboten war, wird die Probe des dauerhaften freien Entschlusses abgefordert, indem nur der Tod durch das fortgesetzte Fasten oder der Tod durch das bei vollem Bewußtsein erlittene langsame Verbluten religiös zugelassen war. Bekannt ist auch das Vorbild des Epikureers, der die Todesfurcht mit Argumenten bekämpft und zugleich die Lebenskunst damit auf ihre höchste Vollendung steigert. Daß die Alten den Tod als den Bruder des Schlafes gedacht und gebildet haben und nicht als den grausen Knochenmann des christlichen Mittelalters, hat Lessing in einer bekannten Abhandlung betont – als ein Humanist so gut wie als ein Kind der modernen Aufklärung.

Aber es sind ja gerade die Bedingungen der modernen Aufklärung, unter denen wir heute alle leben. So wird uns die Einfügung in verschönernde Trostwelten, wie sie Lessing beschreibt, am Ende versagt bleiben. Es macht die Härte und Strenge der modernen Aufklärung aus, daß sie einer Wissenschaft verdankt wird, die selber aus der christlichen Umprägung der heidnischen Antike ihre Entfaltung genommen hat. Die Jenseitigkeit Gottes hat dem menschlichen Erkennen seine eigene Selbstvergewisserung auferlegt und damit die Aufgabe des Erkennens am Ende selber verwandelt. Eine neue Meßgesinnung, ein neues Ideal der rationalen Konstruktion begründen ein neues Imperium. Es wird von dem Ideal des Herrschaftswissens regiert, das als Forschung die Grenzen des Beherrschbaren ständig weiter hinausrückt. Aber wenn es wahr ist, daß auch diese wissenschaftliche Aufklärung, wie die der antiken Welt, an der Unbegreiflichkeit des Todes ihre Grenzen findet, dann bleibt es auch wahr, daß der Fragehorizont, innerhalb dessen das Denken sich dem Rätsel des Todes gegenüber überhaupt bewegen kann, von solchen Heilslehren, also für uns von der christlichen in all ihren Variationen von Kirchen und Sekten, umschrieben ist. Es muß dem nachdenkenden Gedanken etwas so Unbegreifliches wie Einleuchtendes bedeuten, daß die wahre Überwindung des Todes in nichts als in der Auferstehung von den Toten liegen kann, dem Glaubenden die größte Gewißheit, den anderen etwas Unbegreifliches, das aber nicht unbegreiflicher ist als der Tod selber.

Es bleibt ein sehr bescheidener Versuch des Besinnens, den ich heute über das Thema »Leib und Leiblichkeit und Objektivierbarkeit« anstellen möchte. Ich möchte bewußt machen, was im Grunde alle wissen, daß durch die moderne Wissenschaft und ihr Ideal der Objektivierbarkeit uns allen, ob wir nun Ärzte sind oder Patienten oder überhaupt nur aufmerksame und sorgsame Bürger, eine gewaltige Verfremdung zugemutet wird.

Das gilt um so mehr, als unsere philosophische Tradition – zu der auch ich als Schüler der Marburger Schule, als Phänomenologe und Schüler von Husserl und Heidegger zähle – das Thema Leib und Leiblichkeit und seine eigentümliche Verdecktheit nur wenig ins Bewußtsein gehoben hat. Es ist kein Zufall, wenn Heidegger selbst gestehen mußte, daß er über das Thema des Leibes nicht ebensoviel nachgedacht, nicht ebenso sehr seine Denkkräfte dafür aufgeboten hat wie über so viele andere wesentliche Themen unseres Daseins. Es ist auch kein Zufall, meine ich, wenn das bewundernswerte phänomenologisch-analytische Talent von Edmund Husserl die Sphäre der Eigenheit und all das, was sich mit der Erfahrung und Gegebenheitsweise des Leibes für uns einstellt, das ganze reiche Thema der kinästhetischen Erscheinungsformen, in denen Leib erfahren und empfunden wird, zwar als eine wesentliche, aber doch eine bis an den Rand des zu Leistenden gehende Aufgabe angesehen hat.

Wenn man vor diesen Tatsachen steht, dann stellt sich die Grundfrage, ob nicht in unserer Weltsituation Aufgaben des Menschseins liegen, deren Zuspitzung durch das Leistungsethos der modernen Wissenschaft unsere okzidentale Kultur zu einer kritischen Selbstprüfung zwingt. Wir müssen uns dessen bewußt sein, und ich habe darauf ausdrücklich hingewiesen, was es bedeutet, daß wir einer Weltzivilisation entgegengehen, in der technische Perfektibilitäten sich mit neuen, anderen Traditionsströmen kulturellen Lebens mischen und uns vielleicht neue Impulse für die Bewältigung unserer Menschheitsaufgabe zuführen werden.

»Leib und Leiblichkeit« – das klingt fast wie ein Wortspiel, wie »Leib und Leben«, und gewinnt für uns dadurch geradezu eine magische Präsenz. Es verbildlicht die absolute Untrennbarkeit von Leib und Leben. Man sollte sich sogar fragen, ob es überhaupt die Frage nach der Seele gäbe und ein Reden von Seele, wenn nicht der Leib in seiner Lebendigkeit und in seinem Zerfall erfahren würde. Vielleicht behält Aristoteles bis zum heutigen Tage recht, wenn er sagt, die Seele sei überhaupt nichts anderes als die Lebendigkeit des Leibes, dieses in sich selbst erfüllte Dasein unserer selbst, das er Entelechie nannte.

Auf der anderen Seite kennen wir die Außenansicht der Welt, und unter allen ihren Erscheinungen auch unsere Leiberfahrungen, deren Gegenstand die moderne Wissenschaft mit ihrem methodischen Gang zur Objektivierung gebracht hat, eine Forschung, der sich die Wissenschaft nicht entziehen kann und deren Ergebnisse die Praxis nicht ignorieren darf. Das schließt aber nicht aus, daß wir die Grenzen dessen sehen, was auf diese Weise erkennbar ist, und daß dies ein hermeneutisches Bewußtsein weckt, überhaupt Grenzen der Objektivierbarkeit anzuerkennen. Die Frage stellt sich somit: Wie geht dies beides zusammen, Leiberfahrung und Wissenschaft? Wie wächst das eine aus dem anderen heraus? Wie wird das eine, die Wissenschaft, von dem anderen wieder eingeholt – oder wird die Erfahrung der Eigenheit sich endgültig in irgendwelchen neuen Datenbanken oder anderen maschinellen Anlagen verlieren?

Das ist die Frage, vor der ich mich in meiner Meditation befinde. Hier steht das Schicksal unserer abendländischen Zivilisation auf dem Spiel. Wer weiß denn, ob und wie sich die Perfektion unseres instrumentellen Denkens mit den humanen Werten anderer Kulturen und unserer eigenen halbverschütteten Überlieferung zu neuem, fruchtbarem Ausgleich werden bringen lassen. Die erste Frage, mit der wir einsetzen müssen, wenn wir dem Rätsel unserer Leiblichkeit näherkommen wollen, ist: Warum ist Leiblichkeit so widersetzlich und wehrt sich gegen Thematisierung? Gewiß hat man immer über das Rätsel der Leiblichkeit nachgedacht. Denn es gab immer Krankheit. In allen Kulturen gab es Ärzte oder weise Leute, die den Kranken zu Hilfe kamen, wenn auch oft ohne jede der Wissenschaft entsprechende Basis. Man fragt sich, wie das ärztliche Tun in ein Ganzes gesellschaftlicher Weltordnung und Weltorientierung eingefügt war, und wie es heute damit aussieht.

So stehe ich vor der Frage: Was ist das eigentlich mit der Möglichkeit, den Leib als Leib überhaupt zu gewahren – und den Leib als Leib zu behandeln? Was ist eigentlich dieses Kleingestaltige und Kurzlebige unseres Lebens im Großen und im Ganzen der Welt? Was ist unser Ort im Ganzen des Seienden? Wenn ich so frage, dann wird einem jeden sofort bewußt, daß hier ein Thema von grundsätzlicher Tragweite angesprochen ist: Leib und seine Abtrennung von so etwas wie Seele – mag dies religiös oder sonstwie verstanden sein, es ist ein unausweichliches Motiv des Denkens. Wie geht unsere Leiblichkeit mit dem rätselhaften Phänomen des denkenden Bewußtseins zusammen, das sich von aller Leibgebundenheit und Zeitgebundenheit unabhängig immer weiter ins Unbestimmte hinausdenkend und weiterdenkend verliert? Wie hängt es mit unserer Aufgabe des Menschseins, denkende Naturwesen zu sein, zusammen und wie kann es gelingen, unsere instrumentelle Vernunft, vor allem in dem Riesen-Maß ihrer heutigen Entfaltung, auf eine produktive und nicht lamentierende Weise in das Ganze unseres In-der-Welt-Seins zurückzubinden? Wie läßt sich diese Aufgabe überhaupt anpacken?

Gelegentlich habe ich Arbeiten zur »Apologie der Heilkunst« und ähnliches versucht, wobei ich von der griechischen Welterfahrung ausging. Es ist gewiß naheliegend, von unserer eigenen abendländischen Herkunft aus unsere kritischen Gedanken über unsere Zukunft zu entwerfen. Die Erinnerung, die mich beim Nachdenken über solche Dinge seit langem leitet, ist eine berühmte Stelle in Platos Phaidros. Da ist davon die Rede, daß, wie berühmte Ärzte der Griechen gesagt hatten, die Behandlung des Leibes durch den Arzt nicht möglich sei ohne die Behandlung der Seele, ja, daß vielleicht noch nicht einmal das genüge, sondern daß sie auch nicht möglich sei ohne das Wissen um das ganze Sein. Das ganze Sein heißt auf griechisch: hole ousia. Wer dies Wort als griechisches versteht, der hört in dem Ausdruck »das ganze Sein« »das heile Sein« mit. Das Ganzsein des Ganzen und das Heilsein, die Gesundheit des Heilen, scheinen aufs engste verknüpft. Auch wir sagen, wenn wir krank werden, daß uns etwas fehlt.

Was lernen wir aus dieser Worttatsache? Wir müssen uns eingestehen, daß es erst die Störung des Ganzen ist, woran sich ein echtes Bewußtsein und eine echte Konzentration des Denkens anschließen. Ich weiß nur zu gut, wie die Krankheit, dieser Störungsfaktor in etwas, das sich in seiner

Ungestörtheit uns fast ganz entzieht, uns unsere Leiblichkeit bis zur Aufdringlichkeit präsent macht. Wir haben es hier mit einem methodischen Primat der Krankheit gegenüber der Gesundheit zu tun. Ihm steht ohne Zweifel der ontologische Gegenprimat des Heil-Seins, die Selbstverständlichkeit des Lebendigseins gegenüber, in der man, soweit sie empfunden ist, am ehesten von Wohlsein reden möchte. Aber was ist Wohlsein, wenn es nicht genau dies ist, daß man nicht auf es hingerichtet ist, sondern unbehindert offen und bereit für alles?

Wolfgang Blankenburg gebrauchte einmal den Ausdruck »es ist da«. Wir haben alle durch Heidegger gelernt, daß dieses »es ist da« nicht den Charakter der Gegenständigkeit hat. Deshalb hat es Blankenburg natürlich zur Charakterisierung der Leiberfahrung benutzt. Jedenfalls bleibt hier der entscheidende Punkt, daß in diesem »es ist da« der Mensch in seinem Weggegebensein, seiner Geöffnetheit und Offenheit, seiner geistigen Empfänglichkeit für alles, was immer es sei, mit da ist. Die Griechen hatten dafür – ich muß mich entschuldigen, wenn ich immerfort so schöne griechische Worte gebrauche – das Wort Nous. Dies Wort bezeichnet ursprünglich das Wittern des wilden Tieres, wenn es nichts anderes spürt als »da ist etwas«. Erst recht gilt es für den Menschen, diese ungeheure Möglichkeit zu haben, sich so wegzugeben und das Andere ganz da-sein zu lassen. Von hier aus wird mir das eigentliche Thema »Krankheit und Leiblichkeit« in einer besonderen Weise zugänglich.

Wir wissen alle, wie der Arzt anfängt: »Na, wo fehlt's denn?« Oder wie einer selber wissen möchte: »Was fehlt mir eigentlich?« Das ist eine Frage, die wir als Patient im normalen Deutsch an den prüfenden und beratenden Arzt richten können. Ist das nicht eine sonderbare Sache, daß uns das Fehlen von etwas, von dem wir nicht wissen, was es ist, das wunderbare Dasein der Gesundheit verbürgt? Ich merke am Fehlen, was alles da war – nein, nicht was alles, sondern *daß* alles da war. Wohlsein nennt man es. Oder man sagt »es geht mir gut«. Darin ist Wachsein und In-der-Welt-sein als eigentliche Präsenz. Präsenz meint hier nicht jenes rätselhafte Etwas von Zeit im engen Sinne, als Folge von Jetztpunkten, die in ihrem Jetztsein gezählt sind. Präsenz meint vielmehr hier das, was eine raumfüllende Gegenwärtigkeit hat. So sagen wir von dem großen Schauspieler, er habe Präsenz. Wenn er auch nur in der Kulisse steht, während die anderen sich abarbeiten! Oder wir merken bei dem Staatsmann von Format seine Präsenz, wenn er in den Saal tritt. Es ist eine Art von Gegenwärtigkeit, in der unser eigentliches Dasein sozusagen in sein Telos, in seine Perfektion gelangt. Das Wort Entelecheia ist der wunderbare aristotelische Ausdrucksfund dafür. Er hat damit ein Wort gebildet, das in sich selbst sozusagen das volle Fertig- und Vollendetsein des Daseienden ausspricht. Was ist der Aufstand dagegen, diese Störung, die bis zur Entfremdung führt, ja schließlich bis zur Entfremdung von allem, was draußen ist, wenn einem etwas fehlt?

In den allerletzten Versen, die Rainer Maria Rilke – der vor sechzig Jahren an einer schweren, unheilbaren Blutkrankheit in einem Schweizer Hospital gestorben ist – schrieb, hat er angesichts der ihn verzehrenden Lohe des Schmerzes zum Ausdruck gebracht, wie der Schmerz ihn sich selbst entfremdet. Da heißt es: »O Leben, Leben, draußen sein.« So sehr zieht Schmerz von dem großen, weiten Außen und Draußen unserer Welterfahrung ins Innere zurück. Was hier im Äußersten erfahren ist, enthält eine allgemeine Wahrheit, die uns nicht nur die christliche Religion eingeprägt hat, deren Passionsgeschichte uns von früh an begleitet hat. In allen Kulturen weiß man etwas über die Verinnerlichung durch Leiden und Ertragen von Schmerz. So stellt sich unser Thema in seiner eigentümlichen Zwiespältigkeit dar. Da ist die wunderbare Verhülltheit, in die gehüllt wir uns tragen lassen, so daß wir leicht sind und die ganze Leichtigkeit des aufsteigenden Lebensgefühls in uns spüren, und auf der anderen Seite kennen wir den Druck, das Bedrückende, die Bedrücktheit, das nach unten Ziehen bis hinab zu den finsteren Dämonien, von denen wir von unseren ärztlichen Freunden hören, wenn sie Hypochondrie und Depressivität schildern. Wir kennen doch alle ein wenig davon. Was spielt da alles im Menschen, zwischen diesen Aufschwüngen und diesen Niederdrückungen! Was kann unser menschliches Zutun vor dieser Aufgabenstellung leisten, wo wir auf der anderen Seite als heilende Ärzte die steigende Beherrschung der Dinge durch die instrumentell gewordene Leiblichkeit vor uns haben?

Ich frage mich: Haben die Griechen etwas mehr von allgemeinen Rahmenbedingungen zur Lösung einer solchen Aufgabe besessen als wir? Das spricht etwa aus dem Zitat des Phaidros, in dem das Heil des Leibes, das Heil der Seele und das Heil des Ganzen in Einem angesprochen wird; oder wenn Plato in seiner großartigen Utopie der Republik die wahre Rechtlichkeit des Bürgers in der idealen Stadt als Gesundheit beschreibt, nämlich als eine Harmonie, in der alles stimmt, in der sogar das fatale Problem von Herrschaft und Beherrscht-Werden durch gegenseitige Zustimmung, durch Konsens aller mit allen überformt ist. Das ganze Geheimnis der »Harmonia«, dieses Zusammenstimmen und Zusammenklingen des einander Widerstreitenden klingt in dem auch uns vertrauten Ausdruck an: Es ist die Fügung des Dissonanten. Bei Heraklit lesen wir das Tiefste: »Die nicht offenkundige Harmonie ist stärker als die offenkundige.« Hat Heraklit etwa das Geheimnis der Gesundheit dabei im Auge? Im Nachdenken über diese Fragen habe ich mich zum Beispiel über das, was Schmerz ist, zu orientieren versucht. Man beachte, wie Schmerz etwas anderes wird und wie Leiden, das einem durch Schmerz auferlegt ist, etwas anderes wird, wenn es nicht länger von der Erwartung des Aufhörens oder von der Gewißheit, daß es einem weggenommen werden kann, begleitet ist. Wir kennen das aus der Medizin von heute mit ihrer geradezu virtuosen Fähigkeit, Schmerz und auch das Schmerzende, und vielleicht manchmal nicht nur das Symptom, »wegzunehmen«. Wir kennen es aus der modernen Medizin, wie sehr dieses Wegmachen seinerseits der oft so schnell vorübergehenden Krankheit ihren eigentlichen Stellenwert im humanen Leben genommen hat. Man nimmt etwas dagegen, und dann ist es weg. Viktor von Weizsäcker, mit dem ich manches Gespräch geführt habe, bevor sich sein Weg verdunkelte, fragte immer: Was sagt die Krankheit dem Kranken? Nicht so sehr: Was sagt sie dem Arzt? Vielmehr, was will sie dem Kranken sagen? Kann das vielleicht sogar dem Kranken helfen, wenn er lernt, sich das zu fragen?

Was einem an dieser Erwartung der vorübergehenden oder gar der wegnehmbaren Schmerzen und Krankheiten als trivial erscheint, ist, daß sie kein Problem ist. Die moderne Medizin hat sich folgerichtig vor allem mit den chronischen Krankheiten konfrontiert gesehen, in denen sich andere Aufgaben stellen. Da kommt es auf Krankenpflege an, in der das Seelische zu pflegen mitverlangt ist. Was bedeutet dieser neue Stellenwert der chronischen Krankheit in der modernen Medizin? Hier muß der Mensch offenkundig lernen, die Krankheit anzunehmen, mit der Krankheit, soweit sie ihm das erlaubt, zu leben. Nun fragen wir: Was folgt daraus für den Blick auf die letzte Krankheit, wie sie in dem Rilkeschen Gedicht so stark formuliert ist, daß er geradezu sagt: Vermisch das nicht mit all den Krankheiten, die du in deinem Leben in Erwartung der Genesung durchgestanden hast. Leben mit der Krankheit, chronische Krankheit – und auch diese noch – soll man annehmen lernen, so wahr es um Leib und Leben geht?

An der Grenze dieser Frage erhebt sich das für den Laien unheimliche und völlig unbetretbare Ausland, das man das Reich der Gemütskrankheiten oder Geisteskrankheiten nennt, mit denen es der Psychiater zu tun hat. Was ist das, das nicht zu den organischen Krankheiten gehört und das wir kaum durch die bloße Beziehung zu unserer organischen Leiblichkeit beschreiben können? Was ist das? Da ist nichts von der Aufsässigkeit des von Krankheit befallenen Leibes, da ist manchmal kein »es tut weh«, kein »es versagt seinen Dienst«. All das mag man als Störung von Wohlsein beschreiben. Es ist eigentümlich genug, daß man sagt, man sei gut beieinander, und damit gerade meint, daß man ganz bei etwas anderem, bei allem, was man will, sein kann. Hier aber geht es um eine ganz andere Gestörtheit, eine andere, unheimliche Welt. Gewiß, selbst diese ist in gewissem Umfang durch die Perfektion unseres Leistenkönnens erreichbar geworden. Ich denke an die Welt der neuen Psychopharmaka. Ich kann dies neue Können nicht ganz von all den Instrumentalisierungen von Leiblichkeit in der modernen Agrikultur, Wirtschaft und Industrie ablösen. Was bedeutet es, daß wir dies alles sind und können? Das bringt eine ganz neue Angriffigkeit in das menschliche Leben. Ist es nicht ein geradezu ungeheurer Angriff, wenn auf dem

Wege über die Psychopharmaka nicht irgendwelche organische Störungen behoben und betäubt werden, sondern der Person die tiefste eigene Verstimmtheit und Verstörtheit weggenommen wird – wo doch von einfachem Wegnehmen, als ob wir auch dies beherrschten, nicht gut die Rede sein kann? Es scheint mir vielsagend, daß wir bei dieser radikalen Form von Gestörtheit, die wir kaum noch Krankheit nennen, etwa wenn wir von Geistesgestörtheit reden, dem Gespräch eine ganz zentrale Bedeutung einräumen müssen. Ich meine damit nicht allein die Gesprächstherapie, wie sie von der Psychoanalyse strengerer Observanz entwickelt worden ist. Es liegt ja doch in jeder ärztlichen Handlung eine Führung des Kranken, in der das Gespräch und die Gesprächsgemeinschaft zwischen Arzt und Patient eine entscheidende Rolle spielt. Wie es in der vollen Wirklichkeit des Arzt-Patient-Verhältnisses, wie sie sein sollte, offenkundig ist, geht es bei allen Gestörtheiten am Ende nicht so sehr um das Wegnehmen von etwas als um neue Einfügung, um Wiedereinfügung in den Kreislauf des menschlichen, des familiären, gesellschaftlichen, beruflichen Lebens, die sich im Medium der Gemeinsamkeiten zwischen Menschen abspielt. Der Extremfall des geistig Gestörten und der Versuch, ihm bei der Wiederfindung seines inneren Gleichgewichts hilfreich zu sein, scheint mir wie ein Prototyp für die Störungserfahrungen und Einfügungsaufgaben, vor denen der Mensch als Mensch immer schon gestanden hat und immer stehen wird.

Hier liegen meine eigentlichen Hoffnungen, oder nennen wir es Wunschträume: daß es uns gelingen möchte, aus dem Erbe aller Menschheitskulturen, wie es uns langsam aus planetarischen Weiten und Fernen erreicht, so viel zu lernen, daß wir Bewältigung unserer Abhängigkeiten und

Überwindung unserer Störungen durch Bewußtmachung erreichen. Leib und Leben erscheinen mir immer wie eine Art von Erfahrungsgegebenheiten, die sich um Gleichgewichtsverlust herumbewegen und neue Gleichgewichtslagen suchen. Welch Rätsel, daß geringes Schwanken des Gleichgewichts gar nichts ist und daß noch ein beinahe bis zum Umkippen kommendes Schwanken folgenlos wieder in die erreichbare Gleichgewichtslage zurückpendelt – und daß es umgekehrt, dort wo es über die Gleichgewichtsgrenze hinausgeht, zu einem irreversiblen Unglück führt. Dieses Modell scheint mir geradezu das Urmodell unserer menschlichen leiblichen und wohl nicht nur leiblichen Daseinsweise zu sein. Aber die Erfahrung unserer Leiblichkeit, die hierin liegt, ist belehrend. Es ist der Rhythmus von Schlafen und Wachen, der Rhythmus von Kranksein und Genesung und dann schließlich am Ende das sich Überschlagende und die ins Nichts des Andersseins umschlagende, erlöschende Lebensbewegung. Das sind Zeitstrukturen, die unseren ganzen Lebenslauf modulieren. Sie bestätigen das Wort des großen griechischen Arztes Alkmeion: Die Menschen sind nicht imstande, das Ende mit dem Anfang wieder zu verknüpfen, deshalb müssen sie sterben. Ein Wort, das offenbar die Rhythmik des Lebendigseins von ihrem Ende her, ihrer Grenz- und Endsituation her, angemessen beschreibt. Die rhythmische Ordnung unseres, wie wir sagen, vegetativen Lebens, die wir alle leben, wird durch die »instrumentelle« Leiblichkeit nie ganz ersetzbar werden – so wenig wie wir den Tod je werden eliminieren können. Wir können ihn aus dem Bewußtsein verdrängen, »Tod in Hollywood« hat uns das unvergeßlich geschildert. Wir können vieles verbergen und verdrängen, machen und ersetzen, aber selbst der Arzt, der mit den phantastischen Mitteln der maschinellautomatischen Substitution von Apparaturen über kritische Phasen des organischen Lebens hinwegzuhelfen weiß, sieht sich am Ende vor die erdrückende Entscheidung gestellt, wann er diese instrumentelle Hilfe zur Lebenserhaltung des vegetativen Daseins aufgeben darf oder aufgeben soll, um die Person im Menschen zu ehren. Wir haben aus diesen Grenzsituationen – ich gebrauche einen von Karl Jaspers bedeutsam eingeführten Begriff – für alle unsere Begrenztheiten zu lernen. Und so werden wir uns auch fragen müssen, was die Wissenschaft und ihr objektivierendes Vermögen für uns zu bedeuten hat. Was kann Eingriff, was kann unser eigenes Tun, was können die Angewiesenheit auf die Hilfe des anderen und die vielleicht noch größere Angewiesenheit auf die Hilfe durch uns selbst tun, damit der Urrhythmus unserer geordneten Lebendigkeit auch noch die Leistungsdimensionen unseres heutigen Gesellschaftslebens, diese automatisierte, bürokratisierte, technisierte Apparatur, in seinen Dienst nimmt und in seinen Dienst zurücknimmt?

Wir spüren heute viel – und vielleicht ist das eines der ersten Hoffnungszeichen in einer kritischen Weltlage – und wir hören viel von einem erwachenden ökologischen Bewußtsein. Es scheint mir bemerkenswert, daß wir dabei ein Wort bemühen, das im Lebensaustausch der Menschen kaum noch einen großen Raum einnimmt. Das griechische Wort Oikos meinte das heimatliche Haus. So reden auch wir von dem Haushalt. Man lernt haushalten, mit seinen Mitteln, mit seinen Kräften, mit seiner Zeit. Das Wort umfaßt aber noch mehr. Es umfaßt nicht nur die Fähigkeit, mit sich auszukommen, sondern auch, miteinander auszukommen. Das Angewiesensein aufeinander zugleich in eines jeden eigenes Dasein wirklich aufnehmen zu lernen, das scheint mir die Hilfe, die der Mensch für sich selbst finden kann, so wie er den inneren Lebensrhythmus, der sich mit ihm vollzieht, nach Möglichkeiten sozusagen abzuhören, den Rhythmus seiner Schläge und seiner leichtesten Abweichungen nicht zu sehr zu beachten, in unbewußter Reaktion zu bewahren weiß, in einer instinktiven Entspannung und Wiederfindung der Leichtigkeit des eigenen Daseins und Könnens.

So stelle ich mir also vor, wir müßten sehen, wie uns die Probleme, die uns die Leiblichkeit gerade wegen ihrer Nicht-Thematisierbarkeit, ihres immer nur relativ episodischen Charakters der Störung, stellt, auch darüber belehren, wie wir mit unserem ganzen Zivilisationsapparat und allen seinen instrumentellen Möglichkeiten umzugehen haben. Dazu bedarf es der anderen Fähigkeiten des Haushaltens, die vielleicht wichtiger sind als die Sparsamkeiten, die sich in einem gut geführten Haushalt immer wieder bewähren. Sie meinen noch mehr, sie umfassen nicht nur mich selbst in meinen Fähigkeiten, sie meinen das Haus. Das Haus ist das Gemeinsame, das Gewohnte und Bewohnte, in dem Menschen zu Hause sind. Das haben wir nicht erst neu zu lernen. Wir kennen es alle. Wir haben es in seiner paradigmatischen Bedeutung zu sehr vergessen und werden es insofern zu erinnern haben.

Ich möchte nicht in den Verdacht kommen, daß meine Meditationen nur den unbezwinglichen Willen eines sehr alten Mannes spiegeln, Zukunftsperspektiven in der Dunkelheit zu entwickeln. Vielmehr meine ich immer, darin recht zu haben, daß wir die Möglichkeit des menschlichen Lebens, ohne Zukunft zu leben, in allem Ernste verneinen müssen. Dies ist, wie ich meine, unser menschlicher Teil, die Zukunft immer wieder offenzuhalten und neue Möglichkeiten zu öffnen. Wenn ich von diesem Grundempfinden ausgehe, gibt es gewiß vieles, im Kleinen wie im Großen, das wir langsam wieder mehr einüben sollten. Vielleicht gelingt es auf die Dauer auch unserer Fortschrittsgesellschaft, ein Gefühl für das Haushalten, mit sich und den Seinen, und die Verantwortung, die über einen selbst hinausreicht, zur Selbstverständlichkeit des eigenen Wertbewußtseins wieder heraufzuheben. Es ist nicht so ganz unmöglich, daß uns Angst und Mangel und Not auf die Dauer zur Vernunft bringen. Das kann durchaus auch im globalen Maßstab geschehen. Gewiß sind wir heute noch sehr weit davon entfernt. Die sogenannten unterentwickelten Länder können überhaupt noch nicht glauben, daß es Probleme ökologischer Art für die Menschheit gibt, die auf sie zukommen. Sie halten unsere Sorgen für Schutzmaßnahmen der beati possidentes. Gewiß sehen wir Wege und Auswege nicht voraus, und doch werden wir uns fragen müssen, ob es nicht immer Möglichkeiten gibt. Da haben wir zum Beispiel die Auflösung der Person. Innerhalb der medizinischen Wissenschaft kommt sie durch die Objektivierung der Vielheit von Daten zustande. Das bedeutet, daß man in der klinischen Untersuchung von heute sozusagen wie aus einer Kartothek zusammengesucht wird. Wenn man richtig zusammengesucht wird, dann sind alle Werte die eigenen. Aber die Frage ist dennoch, ob unser Eigenwert dabei auch vorkommt.

Solches trifft offenkundig nicht für die Situation des Patienten in der Apparatur der Klinik zu. In der großen Apparatur unserer Zivilisation sind wir alle Patienten. Das Sein der Person ist offenbar etwas, was überall verleugnet wird und doch immer wieder und überall zur Wiedergewinnung des Gleichgewichts gehört, das der Mensch für sich selbst und für sein Haus und für sein Zu-Hause-Sein braucht. Es ragt weit über den ärztlichen Verantwortungsbereich hinaus und schließt die ganze Einfügung der Person ins Familien-, Gesellschafts- und Berufsleben mit ein. Diese Aufgabe scheint mir nicht abstrakt, sondern ständig konkret gestellt. Immerfort geht es darum, wie man seine eigene Selbstbalancierung in ein größeres soziales Ganzes einfügt, in dem man Mitwirkung und an dem man Teilnahme gewinnt. So scheint es mir viele Punkte zu geben, an denen wir in der Lage sind, nicht nur die beengenden Mängel zu spüren, sondern auch die offenen Möglichkeiten zu finden, die Dinge humaner zu gestalten, die sich in unserer instrumentalisierten Gesellschaftsordnung breitgemacht haben. Manchmal wird das bei der Begegnung mit einem Menschen sichtbar. Etwa bei einem Politiker, der plötzlich so redet, daß man sich seinen Ideen und Zielen gar nicht entziehen kann, weil man sich verstanden fühlt.

Aber freilich ist unser gesellschaftliches Dasein so organisiert und eingezwängt, daß Begegnung schwer wird und selten gelingt. Ich will nicht alle Möglichkeiten des humanen Umgangs des Menschen mit dem Menschen hier aufzuzählen beginnen. Mit meinen letzten Darlegungen spiele ich auf Dinge an, die mit meinem eigenen Denken und dem, was ich die hermeneutische Erfahrung nenne, zusammenhängen. Es ist eine Voraussetzung des Menschseins –, die es hier zu verwirklichen gilt. Ich meine die Voraussetzung, daß der andere vielleicht nicht nur auch ein Recht hat, sondern vielleicht auch manchmal recht haben könnte. Es gibt einen wunderbaren Aufsatz von Sören Kierkegaard mit dem Titel »Über das Erbauliche in dem Gedanken, daß wir gegen Gott allzeit Unrecht haben«. Es liegt ein großer Trost darin, weil wir selber so oft Unrecht haben und weil es so schwer ist, uns das einzugestehen. Wir haben es sozusagen zu lernen, in allen unseren Irrungen und in unseren Überheblichkeiten zu erkennen, daß sie doch alle nur bedingte Möglichkeiten wirklicher Überlegenheit und unvermeidlichen Unterliegens sind. So sollte man, meine ich, die Beziehung von Arzt und Patient, die unter der Paradoxie der Nicht-Objektivierbarkeit der Leiblichkeit steht, auf alle Erfahrung unserer eigenen Begrenztheit ausdehnen. Das ist kein Sonderfall. Heute sehe ich das Problem der modernen instrumentellen Vernunft fast mehr in der Anwendung auf die Dinge, mit denen wir alle, als Erzieher oder in der Familie, in der Schule und all den Einrichtungen des öffentlichen Lebens zu tun haben. Wir können und sollen nicht unserer Jugend eine Zukunft von reichem Komfort und steigender Bequemlichkeit vorgaukeln, wohl aber ihr eine Freude an der Mitverantwortung und an dem wirklichen Miteinandersein und Füreinanderstehen der Menschen vermitteln. Daran fehlt es freilich in unserer Gesellschaft und in dem Zusammenleben der Vielen ebenso. Gerade die Jugend spürt das. Da gibt es einen uralten Grundsatz: Jugend hat recht.

Es ist schwierig, in sehr kurzer Zeit etwas in sich Geschlossenes über einen Mann wie Viktor von Weizsäcker und seine Leistung zu sagen – über die Probleme, an denen er zu arbeiten hatte und an denen wir zu arbeiten haben. Vielleicht darf ich meinen Beitrag als Fortsetzung eines Gespräches verstehen, das ich immer wieder, in gelegentlichen Begegnungen, mit Viktor von Weizsäcker zu führen gesucht habe. Als Laie, der ich auf dem Gebiete der ärztlichen Wissenschaft und Kunst bin, war ich natürlich nicht imstande, an dem rein ärztlichen Aspekt der Dinge produktiv teilzunehmen. Wohl aber beschäftigten mich immer das Thema des Gestaltkreises sowie die Gestalt des schwäbischen Grüblers, der seine eigenen Gedanken in nahezu kryptischer Weise zu verstecken verstand.

So war mir am Ende der Gestaltkreis mehr ein Symbol und wie eine Einladung zu gemeinsamer Besinnung, auf die ich hoffte, als ich 1949 nach Heidelberg kam und meine früheren Kontakte mit Viktor von Weizsäcker wieder aufnahm. Leider ließen sich diese Gespräche angesichts seiner Erkrankung nicht mehr verwirklichen. So möchte ich heute anstelle eines eigenen produktiven Beitrages die Fragen, die ich ihm zu stellen hatte, ein wenig exponieren. Was mich dabei am meisten beschäftigt hat und weiter beschäftigt, ist gewiß nichts, was der besonderen Kompetenz des Arztes und seiner denkenden Erfahrung allein vorbehalten wäre. Wenn ich meine Frage unter die Formel »Zwischen Natur und Kunst« stellte, so meine ich nicht irgendeinen Beitrag zu dem, was wir in unserem Sprachgebrauch im allgemeinen »die Kunst« nennen, sondern jenen Inbegriff von Können, der als die gefährliche Begabung des menschlichen Wesens uns allen bekannt ist. »Kunst« meint hier also im Sinne der Antike »Techne«, das Wissen und wissende Können, von dem aus die griechische Antike den ersten Schritt zu unserer heute die Welt umspannenden Könnerschaft und Wissenschaft getan hat. Das war, wenn ich so sagen darf, das Zielthema, das mir für diese nie gelungenen, vom Schicksal nicht gewährten Gespräche mit Viktor von Weizsäcker vorschwebte.

Gewiß braucht man nicht der westlichen Zivilisation anzugehören und auf ihrem besonderen Weg des begrifflichen Denkens erzogen zu sein, um ein sicheres Bewußtsein für die eigentümliche Querstellung zu haben, die das menschliche Wesen im Ganzen der uns umgebenden und uns tragenden Natur einnimmt. Da ist rings der selbstverständliche Kreisgang der Dinge, der uns wie eine Art Vorbild im frühen Denken umgibt, und so war es auch in unserem eigenen okzidentalen Kulturkreis, den wir nicht ganz von ungefähr einen »Kreis« nennen. So hat etwa ein Plato das Ganze der von ihm gesehenen und gewagten Weltvisionen zu beschreiben unternommen: da ist der Kreis der Seele, der Kreis der Stadt, der Kreis des Alls, die sich in ihrem eigentümlichen Miteinander und Ineinander vor uns darstellen. Das ist wie eine höhere Weisheit gegenüber unserer Vermessenheit des immer weiter ausgreifenden Könnens. Gleichwohl ist eben das unsere eigentliche menschliche Ausstattung, die am Ende die kritische Weltlage heraufbeschworen hat, in der sich die menschliche Rasse heute auf diesem Planeten befindet. Wir Menschen haben unser Wissen und Können zu einer allgemeinen, alles umspannenden Grundhaltung gegenüber der Natur und der Menschenwelt entwickelt und treiben es immer weiter, ohne Maß. Das ist die Krisis, in der wir stehen und von der wir nur hoffen können, daß sie uns, wie die Krisis eines Kranken, in ein neues Gleichgewicht, einen neuen Leibkreis, Seelenkreis und einen neuen Kreis des All-Einklangs führen möchte. Was Viktor von Weizsäcker ehedem schon den Gestaltkreis nannte, dieses Ineinanderspiel von Wahrnehmung und Bewegung, war älteste griechische Weisheit: *Krinein* und *Kinein*, Unterscheiden und Sich-Bewegen ist die besondere Ausstattung der lebenden Wesen im Ganzen der Natur. Auch wir sind solche Lebewesen. Doch wir sind Lebewesen, die mit einer ebenso kühnen wie gewagten Distanz zu unserem eigenen Natursein von der Natur selbst begabt worden sind. Durch sie sind wir in einer eigentümlichen Weise Ausgesetzte, und insbesondere sind wir unserer Zukunft ausgesetzt. Denn wir sind das Wesen, das Zukunft denkt und die Zukunft vorausblickend zu wissen sucht. Auf dieser Auszeichnung beruht zugleich unsere eigene Selbstgefährdung.

Es wäre vermessen, von den Leistungen eines Mannes oder auch nur einer Generation oder eines Zustandes in der Entwicklung unseres geschichtlichen Schicksals auszugehen, ohne das Großartige der Leistung dieser europäischen Zivilisation zu sehen. Es ist in Europa entstanden, was heute die ganze Welt als eine Zivilisationsdecke überzieht, unter der sich die gewachsenen und gewordenen Kulturen beinahe verstecken. Die Ausgesetztheit des Menschen, die aller Menschen Teil ist, ist in der westlichen Zivilisation bis zum Extrem der Selbstgefährdung gestiegen. Wir können uns geradezu als allgemeine Menschheitsaufgabe immer nur vor Augen stellen, wie wir diese unsere Richtung von uns weg, diese Richtung auf das Mögliche, das Unbekannte und das Gewagte, in den großen Gleichgewichtsrhythmus der Naturordnung zurückbiegen lernen. Sie lebt es uns in jedem

Tageslauf vor. Das Geheimnis des Schlafes scheint mir eine der Grunderfahrungen zu sein, an der sich menschliches Selbstverständnis in seiner Naturhaftigkeit und in seinem Aufbruchswillen erweist. Was morgen ist, was ein Morgen ist, was für Versprechung und was für Wagnis, das erfährt jeder Mensch jeden Tag, jeden Morgen. Eben hierin begegnet die besondere Ausstattung des Menschen, in solchem Gang zwischen Schlaf und Wachen, zwischen Entspannung und Anspannung, die Einheit mit sich selbst auf die gewagtesten Ziele hin zu entwerfen und durchzuhalten. Das ist es, was wir in unserer menschlichen Grundverfassung vorfinden und was ein denkender Arzt immer wieder als seine Grundaufgabe erkennen wird: nicht nur den Leidenden wiederherzustellen, sondern ihm mit der Rückstellung, Rückgabe, Rückkehr zu seinem Können und Sein die Einheit mit sich selbst wiederzugeben.

So kam es, wie mir scheint, nicht von ungefähr, daß Viktor von Weizsäcker, ein in vielen Dingen hochbegabter Mann, der sicherlich als Physiologe in der Schule von Herrn von Kries auch eine große akademische Kapazität geworden wäre und der sich ebenso auch als ein Eigengrübler und versonnener Mystiker, der er war, ganz dem philosophischen Wagnis hätte überlassen können, an seiner Berufung zum Arzt festhielt. Darin hat er seinen menschlichen und geistigen Rang bestätigt, daß er immer wieder in allen Entscheidungen seines Lebens am Ende für den Kranken entschied und im Angesicht der Krankheit das große Rätsel des Gesundseins zu erkennen und seine Wohltat zu vermitteln suchte.

Einmal habe ich das selbst erfahren. Es war schon während des Krieges. Ich war Professor in Leipzig. Dort war der Lehrstuhl der Psychologie vakant geworden. Die Leipziger

Experimentalpsychologie hatte ehedem eine führende Stellung in der ganzen Welt. Das Psychologische Institut von Wilhelm Wundt war das erste, das überhaupt gegründet worden war. Damals, 1944, habe ich Viktor von Weizsäcker im Einverständnis mit meiner Fakultät als Nachfolger des nach München gegangenen Psychologen Lersch vorgeschlagen, zu uns zu kommen. Ich wußte, glaube ich, was ich tat. Ich verstand auch, wie Herr von Weizsäcker auf diesen Versuch wie auf eine verlockende Versuchung einging, um schließlich alle solche Pläne aufgeben und von Breslau nach Heidelberg zurückkehren zu müssen. Die Anziehung, die es für ihn haben mußte, war gewiß dieselbe, um derentwillen wir ihn uns so wünschten. Hier wäre ein Forscher zur Allgemeinen Psychologie und das heißt zugleich zur Philosophie zurückgerufen worden, die neuer Besinnung bedurften. Ihre Herkunft aus der Sinnesphysiologie und den Problemen der experimentellen Sinnespsychologie ihrer Zeit hatte die Psychologie damals längst hinter sich gelassen. Im Bestreben, andere Gebiete der seelischen Menscherfahrung in wissenschaftlicher Weise in den Griff zu bekommen, war sie weit ins Diffuse vager typologischer Pragmatik geraten. Da schien es uns eine des großen Forschers und offenen Denkers würdige Aufgabe, die Psychologie an die Urphänomene der »condition humaine« zurückzuführen, die, wie wir wohl alle nicht bestreiten können, am Leidenden, am Kranken, an dem, dem etwas fehlt, für uns erst ganz sichtbar werden. Die Rätsel der Krankheit bezeugen das große Wunder der Gesundheit, das wir alle leben und das uns alle mit dem Glück des Vergessens, dem Glück des Wohlseins und der Leichtigkeit des Lebens immer wieder beschenkt. Das war damals unser Gedanke, daß ein Arzt, der die naturwissenschaftliche Grundausstattung des experimentellen Forschers hatte und der zugleich sein denkendes Streben auf das Ganze des Menschseins richtete, sich mit uns zu gemeinsamer Arbeit vereinigen könnte. Das waren, in der späten Stunde des Krieges, gewiß Illusionen. Aber in solchen lebte man, wenn man in einem untergehenden Lande war, das durch eigene Schuld sich ins Verderben gestürzt hatte, und wenn man gleichwohl immer aufs neue an Zukunft glauben mußte.

Herr von Weizsäcker hat klar genug gesehen, daß ihm am Schluß die Rückkehr nach Heidelberg und die Rückkehr zu seinem ärztlichen Tun wichtiger sein mußten, als die ins Ungewisse der reinen Theorie führende Arbeit in Leipzig. Nun, dies Biographicum, das ich einstreue, soll nur erklären, warum ich mit Herrn von Weizsäcker, ehedem wie auch nach seiner Rückkehr nach Heidelberg, als ich dann selbst nach Heidelberg kam, Gespräche führte und daß ich gerade mit ihm das Geheimnis des »Kreises« zu diskutieren hoffte, das Geheimnis dieses sich selbst erhaltenden Unendlichen, das sich im organischen Leben zeigt und das, wie jeder Leser Platos wohl weiß, an einer unvergeßlichen Stelle des platonischen Phaidros zum Thema wird. Sokrates sagt dort zu seinem jugendlichen Begleiter, daß wir doch wohl nichts über die menschliche Seele, ja auch nichts über den menschlichen Leib wissen könnten ohne das Ganze, das *Holon* der Natur. Schon das griechische Wort hat für den, der Griechisch kann, einen besonderen Klang, anders, als bei uns der Ausdruck »das Ganze«. Ein *Holon* ist auch das Heile, das kraft seiner eigenen in sich geschlossenen und sich selbst immer wieder herstellenden Lebendigkeit in das Ganze der Natur eingefügt ist. Jede den Arzt angehende Aufgabe ist von solcher Art, dies beherzigen zu müssen. Es ist daran zu erinnern, wie sehr Viktor von Weizsäcker über diese Frage in Wahrheit nachgedacht hat, wenn er die Unwahrheit der Krankheit ins Auge faßte. Er meinte damit: Was verbirgt sich dem Menschen, was wird verdeckt, wenn sein eigenes leibliches Befinden in eine Art Aufstand ausweicht? Haben wir nicht etwas zu lernen, wenn wir krank werden, bis wir wieder in jenes von unwahrscheinlicher und unbegreiflicher Güte zeugende Wohlsein des Lebens zurückkehren?

Das platonische Beispiel kann uns einen Wink geben. Plato sagt oder läßt seinen Sokrates sagen: Vielleicht müßte der Arzt nicht nur auch die Natur der Seele, sondern die ganze Natur des Alls kennen, wenn er den Mangel, das Leiden, die Krankheit des Patienten wirklich behandeln will. Wir haben gehört und wir wissen es aus einer durch die Jahrtausende gehenden Erfahrung, wie sehr sich diese Aufgabe, im Gefolge der Notwendigkeiten und Errungenschaften unseres Könnens und Wissens, zu einer Kunst von besonderer Schwierigkeit gestaltet hat. Der Gang unserer Geschichte hat nicht nur den Kranken und den Arzt, sondern unser aller Lebensstil immer mehr unter das Gesetz der Arbeitsteilung gezwungen. Dadurch findet sich unser eigener Beitrag in einem nicht mehr überschaubaren Ganzen zur bloßen Funktion herabgesetzt. So ist der Arzt in gewissem Sinne der symbolische Beruf. Denn seine Aufgabe ist kein »Machen«, sondern eine Hilfestellung, die dem Lebenden die Wiederkehr der Gesundheit und die Rückkehr zu seinem Leben erleichtert. Der Arzt kann niemals die volle Illusion des Könnens und Machens haben. Er weiß, daß er im besten Falle nicht sich selber und seinem Können, sondern der Natur zu ihrem Siege verhilft. Das ist in der Tat die einzigartige Stellung der Medizin im Ganzen der menschlichen Wissenschaft. Zwar sind alle unsere Wissens- und

Könnensmöglichkeiten bedingt, und unser »Machen« ist von der Natur stets eingeschränkt. Die ärztliche Wissenschaft ist die eine, die am Ende überhaupt nichts herstellt, sondern ausdrücklich mit der wunderbaren Fähigkeit des Lebens rechnen muß, sich selber wiederherzustellen und sich in sich selbst wieder einzuspielen. So stellt sich die eigenste Aufgabe für den Arzt, zu dieser Wiederherstellung zu verhelfen. Das meint nicht nur den Gleichklang von Wachen und Schlaf, von Stoffwechsel und Atmung und all den anderen Grundfunktionen des menschlichen Lebendigseins, in die der Kranke sich wieder einzuspielen lernen muß. Es meint auch die Aufgabe für den Kranken, aus seiner sozialen Ausfallsituation herauszufinden und sich in die ihm zum Lebenselement gewordene Arbeit wieder einzuführen. Wir wissen es alle: Die Berufung zur menschlichen Arbeit, von der schon die Genesis, das Alte Testament weiß, ist in gewissem Sinne eine weise Mitgift der Menschen und nicht nur die Verdammnis zu einer ewigen Plage. Darin besteht unser aller eigenste Aufgabe, die der Arzt uns durch sein Können am Ende vor Augen stellt: zu erkennen, wie wir alle zwischen Natur und Kunst stehen, Naturwesen sind und uns auf unser Können verstehen müssen. Gerade am Arzt und seinen »Erfolgen« kann uns die Grenze allen menschlichen Könnens bewußt werden und die eigene Aufgabe, Begrenzungen annehmen zu lernen.

Das ist doch wohl das Allererste, das auch hinter der Unwahrheit der Krankheit schließlich wieder die Wahrheit zum Siege zu führen vermag. Es ist die Wahrheit, die sich in der Krankheit und in der Gefährdung des Lebens und des Wohlseins verbergen will. In Wahrheit enthüllt sich, was für ein unerschütterlicher Lebenswille und was für eine nicht zu brechende Lebens- und Hoffnungskraft in jedem Menschen als seine natürlichste Mitgift leben. Sie kann uns lehren, das Gegebene, Einschränkende, Schmerzhafte anzunehmen. Die Krankheit annehmen lernen – vielleicht ist das eine der großen Veränderungen in unserer Zivilisationswelt, die durch die Fortschritte der Medizin herbeigeführt wird und neue Aufgaben stellt. Es muß doch etwas bedeuten, daß der Arzt heute so viele Krankheiten scheinbar wegzuzaubern weiß, so daß sie für den Patienten einfach verschwinden, ohne ihn etwas gelehrt zu haben. Es muß doch etwas besagen, daß heute die chronischen Krankheiten weit mehr im Vordergrund des ärztlichen Interesses stehen, weil man sie nicht wegnehmen kann. In der Tat, die chronischste aller Krankheiten ist doch wohl der Weg dem Tod entgegen. Diese unsere weiteste Bestimmung annehmen zu lernen ist die höchste Aufgabe des Menschen.

Wenn ich mich der menschlichen Erscheinung Viktor von Weizsäckers erinnere, wie sie in meinem Gedächtnis steht, dann ist sie gerade mit dieser Aufgabe des Menschseins engstens verknüpft. Seine Erscheinung hatte etwas Rätselhaftes. Einerseits ein versonnener und fast verdüsterter Grübler, und dann wieder das plötzliche Aufleuchten, in dem sich die geniale Beobachtungskraft des großen Arztes mit seiner Menschlichkeit und offenen Bereitschaft für den anderen verband. So steht er mir vor Augen, nicht nur als Arzt, der uns hilft, das Gleichgewicht, das die Natur uns als Gunst gewährt hat, immer wieder herzustellen. Er vermochte auch, wie jeder große Arzt, uns unsere eigenen Grenzen annehmen zu lehren und, selbst um die äußerste Aufgabe des Menschseins wissend, seine letzte Grenze anzunehmen. Ich möchte deswegen mit ein paar Zeilen eines Gedichtes schließen. Nicht etwa, um das mögliche Mißverständnis, das in dem von mir gewählten Titel »Kunst und

Natur« lag, ein wenig auszugleichen, sondern weil es mir auf gültige Weise Gesagtes zu beglaubigen vermag. Es ist ein Gedicht von Ernst Meister, einem meiner früheren Studenten, der noch kurz vor seinem Tode mit dem Georg-Büchner-Preis ausgezeichnet wurde. Das Gedicht lautet:

> Immer noch
> laß ich mich glauben,
> es gäbe
> ein Recht des Gewölbes,
> die krumme Wahrheit
> des Raumes.
> Vom Auge gebogen,
> Unendlichkeit,
> himmlisch,
> sie biegt das Eisen,
> den Willen,
> sterblich
> ein Gott zu sein.

Ich komme hier als Laie in einen Kreis, mit dem ich mich seit langem verbunden weiß. Ich war mit Viktor von Weizsäcker schon in den dreißiger Jahren befreundet, und ich habe in Heidelberg mit manchem seiner Kollegen und Schüler freundschaftliche Verbindungen gepflegt. Aber leider ist es nicht immer so, wie man sich das mit solcher Nachbarschaft wünschen möchte. Ich darf an Sokrates erinnern, der auf eine Feier zu Ehren eines großen Tragödiendichters, eines gewissen Agathon, eingeladen war.* Sokrates kommt bei diesem Gastmahl zwischen Agathon und dem berühmten Komödiendichter Aristophanes zu sitzen und sagt: »Es wäre ein schönes Ding mit der Weisheit: wenn sie so wie Wasser an einem Wollfaden von einem Gefäß in ein anderes hinüberflösse, dann würde ich von meinen beiden Nachbarn viel lernen können.« Da dem aber leider nicht so ist, wie eben Sokrates schon feststellte, bin ich hier trotz meiner Nachbarschaft in Verlegenheit. Schon der angekündigte Titel hat mich bestürzt. »Das Philosophische«, was ist das bloß? Ich habe immer wieder darüber nachgedacht, um eine plausible Antwort zu finden. Wie sollte ich meinen Auftrag verstehen? Offenbar gehört es zum Wesen der Philosophie – im Unterschied zu den Wissenschaften –, daß man Fragen stellt, die einen nicht loslassen, auch wenn man nicht weiß, wie man sie je beantworten kann. In diesem Sinne ist die

---

* Wir kennen Agathons Theaterkunst nur deshalb weniger, weil diese schon nicht mehr in erster Linie Wortkunst war, wie das für die uns bekannten griechischen Dramatiker der Fall ist. Sie stellte vielmehr eine musikalische Form der Theaterkunst dar, die man so nicht überliefern kann.

Frage, was das Philosophische sei, selbst eine philosophische Frage, auf die es keine Antwort gibt. Jedenfalls ist es eine Naturanlage des Menschen und nicht ein berufliches Können. So bitte ich, mich hier nicht als den Fachmann zu verstehen, der auf Fragen eine Antwort hat, sondern als einen, der mit den anderen zusammen Überlegungen anstellt.

Nun gibt es ohne Zweifel einen Weg, auf dem wir uns auch im Zeitalter der Wissenschaft alle begegnen. Ich meine die Sprache, das Gespräch, das wir alle miteinander führen. Die Sprache ist eine Sedimentation von Erfahrung und Weisheit, die schon in den Worten zu uns spricht. Ich möchte versuchen, von solchen Überlegungen ausgehend meinen Beitrag zu dem hier zur Diskussion stehenden Thema zu leisten, indem ich Worte befrage.

Der zweite Teil der Überschrift, »medizinische Praxis«, war für mich ebenfalls Grund genug nachzudenken. Daß das Thema »Allgemeinmedizin« uns am Herzen liegt, weil es im Zeitalter der Spezialisierung eine ganz besondere Bedeutung gewonnen hat, ist bereits oft gesagt worden. Genauso besteht kein Zweifel, daß die klinische Medizin, auf der doch zu einem großen Teil die Forschung der modernen Medizin aufbaut, nur ein kleiner Sektor im Vergleich zu der Menschheitsaufgabe ist, die die Heilkunst insgesamt zu leisten hat. Ich stand also vor dem Doppelgesicht, das sich hinter dem Titel verbirgt. Zum einen die Philosophie, die Mutter aller Wissenschaften.* Die Wendung ›das Philosophische‹ machte mir allerdings die eigentümliche Isolation

---

* Sie ist das zwar schon lange nicht mehr, sie wird aber als Menschheitsphänomen unter uns so lange fortleben, wie denkende Wesen auf dieser Erde leben. Man kann die Philosophie einige Male totsagen, das schadet ihr gar nichts.

bewußt, in die das Einsamkeitsbedürfnis den Nachdenkenden versetzt. Wir haben in Heidelberg einen Philosophenweg, von dem manche Leute sich ernstlich einbilden, er wäre zu Ehren unseres Faches so genannt. Tatsächlich trägt dieser Weg eine Bezeichnung, die so merkwürdige Menschen charakterisieren soll, die es vorziehen, alleine spazieren zu gehen. Das ist die eigentliche Herkunft des Namens. Alles andere wäre auch wirklich zuviel der Ehre für uns. Alleine spazieren zu gehen, alleine nachzudenken, das ist es, was erst in der Neuzeit im Gefolge Rousseaus jedermann zum Philosophieren einlädt. Die Natur ist die Seelenmacht der Einsamkeit. Und auf der anderen Seite steht dann die ›praktische Medizin‹, die medizinische Praxis, das Wartezimmer, der weiße Kittel, die Besorgtheit aller anwesenden Patienten. Es ist nicht leicht, vom einen zum anderen Ufer eine Brücke zu bauen, auch wenn noch so viele Brücken über den Neckar führen. Es ist klar, daß sich die Philosophie von der Praxis meilenweit entfernt weiß.

Wie ist es überhaupt mit diesem Doppelgesicht von Theorie und Praxis bestellt? Man erkennt darin sofort eines der allerältesten Probleme menschlicher Gesittung. Theorie meint das Betrachten, meint, nur hinzusehen, sich nicht von Interesse und Trieben eine Wunschwelt einreden zu lassen, sondern zu erkennen, was ist oder was sich zeigt. Daneben steht die Welt der Praxis, in der sich jeder Fehlgriff rächt und in der sich ein ständiger Prozeß des Lernens und des Sich-Korrigierens, am Erfolge oder seinem Ausbleiben, vollzieht. Wie hängt beides zusammen? Wie kommt es, daß wir an Dinge, die uns praktisch auf den Nägeln brennen, wie etwa Krankheit und Tod, mit der Distanz des bloßen Hinsehens herantreten? Wie soll da ein fruchtbares Verhältnis zwischen dem einen und dem anderen entstehen? Ich denke, es ist richtig, sich klarzumachen, wie schwierig diese Lage für jeden von uns ist, insbesondere seit die moderne Wissenschaft jene ältere Einheit von Lebensumgang und ärztlicher Praxis aufgeben mußte. Früher gab es den Medizinmann oder die weise Frau im Dorfe. Dann gab es die fast väterliche Rolle des Hausarztes. In kleineren Gesellschaftsstrukturen gab es eine Art von individueller Praxis, die nicht in weißen Kitteln und über mühsame Wartezimmer den besorgten Patienten weiterleitete. Wir leben in einem Zeitalter der Massengesellschaft und der Institutionen. Die Wissenschaft ist eine solche allgegenwärtige Institution. Wir dürfen uns nichts vormachen: Es gibt kein zurück. Wir müssen die Trennung überbrücken lernen, die zwischen dem Theoretiker besteht, der um die Allgemeinheiten weiß, und dem Praktiker, der auf die immer einzigartige Situation des besorgten Patienten einwirken soll.

Ich brauche nur daran zu erinnern, was unsere Sprache schon sagt, wenn sie Wissenschaft und Kunst aufs engste verbindet, so daß sich Wissenschaft und Arztkunst eigentümlich verwickeln. Die Kunst scheint sich im Sinne der Könnerschaft auf die Seite derer zu stellen, die etwas herzustellen wissen, das heißt etwas machen können. Und doch wissen wir alle, die Aufgabe des Arztes ist zu ›behandeln‹, bestenfalls wiederherzustellen. Das ist nicht der Stil der modernen Wissenschaft, die ihre konstruktiven Entwürfe an der Erfahrung, am Experiment und an der Übereinstimmung mit ihrer quantitativen Berechnung zu errichten gelernt hat. In der Praxis des Arztes stehen wir in einer Welt, die offenkundig eine andere Umsetzung des Gelernten verlangt. Auf eine fast unberechenbare Weise muß der Arzt für den Einzelfall das Richtige finden, nachdem die Wissenschaft ihm die allgemeinen Gesetzmäßigkeiten, Mechanismen und Regeln an die Hand gegeben hat. Es ist offenkundig, daß wir hier vor einer neuen Aufgabe stehen. Wie können wir das überhaupt bewältigen?

Ich darf wieder an einem Wort die Sache entwickeln. In der Sprache drückt sie sich als das allgemeine Verhältnis von Gesetz und Fall aus. Etwas ist ein *Fall* einer Gesetzmäßigkeit. Ist dieser auch schon der ›Fall‹ des Patienten? Für den Patienten, den Leidenden, zeigt sich sein ›Fall‹ von einer ganz anderen Seite. Sein ›Fall‹ ist als erstes ein Ausfall, ein Herausgefallen-Sein aus den Lebensbezügen, in denen er als ein tätiger und arbeitender Mensch lebte. Auch für den Arzt ist der ›Fall‹ des Patienten etwas ganz anderes, als für die Wissenschaft der Fall eines Gesetzes ist. In dem Wort liegt sozusagen beides: auf der einen Seite der Sonderfall der Regel und auf der anderen Seite der Krankheitsfall, der eine ganz andere Problematik von Lebenswirklichkeit darstellt und die Ausnahmesituation des Kranken bildet.

Ich frage mich: Warum mußten wir aus dem vorwissenschaftlichen Stadium unserer Lebenserfahrung, die in vielen Kulturen lange ohne die moderne Wissenschaft eine Art Pflege und Leitung in Krankheit und für den Tod geleistet hat, heraustreten? Wie ist unsere Situation, warum ist sie so gworden, und welche Möglichkeiten gibt sie uns? Wie kann die moderne Wissenschaft mit diesem Problem fertig werden und dem Arzt in der heutigen Gesellschaft diese Aufgaben stellen?

Nun haben wir nicht nur die Wissenschaft von den Krankheiten, denn Krankheit ist nicht ohne Gesundheit. Beides gehört zu dem, was ein Arzt wissen muß oder was er mit den Mitteln der modernen Wissenschaft zu wissen sucht. Hier stehen wir vor der unbeantworteten Frage: Was ist Gesundheit? Man weiß ungefähr, was Krankheiten sind. Sie haben sozusagen die Aufständigkeit des ›Ausfalls‹. Sie sind ihrem Erscheinen nach *Gegenstand*, etwas, das Widerstand leistet, den man brechen soll. Man kann dies unter die Lupe nehmen und auf seinen Krankheitswert hin beurteilen, und zwar auf allerlei Weisen, die eine objektivierende Wissenschaft im Zuge der modernen Naturwissenschaft uns an die Hand gegeben hat. Aber Gesundheit ist etwas, das all dem auf eigentümliche Weise entzogen ist. Gesundheit ist nicht etwas, das sich als solches bei der Untersuchung zeigt, sondern etwas, das gerade dadurch ist, daß es sich entzieht. Gesundheit ist uns also nicht ständig bewußt und begleitet uns nicht besorgt wie die Krankheit. Es ist nicht etwas, das uns zur ständigen Selbstbehandlung einlädt oder mahnt. Sie gehört zu dem Wunder der Selbstvergessenheit. Dagegen die Theorie, das reine Hinsehen, was sucht es, was findet es? Da redet man von dem Problem von Leib und Seele. Was Leib ist, glaubt man zu wissen. Was Seele ist, weiß niemand. Was Leib und Seele ist, vielleicht ein Dynamismus? Leib jedenfalls ist Leben, ist das Lebendige; Seele ist das Belebende, und so ist beides im Grunde schon so ineinander gespiegelt, daß jeder Versuch der Objektivierung des einen ohne das andere oder des anderen ohne das eine irgendwo in die Lächerlichkeit führt. Dies zeigt nur, wie groß die Distanz ist zwischen dem, was die objektivierende Wissenschaft zu leisten vermag, und dem, was hier unsere Aufgabe ist.

Mir fiel ein Wort Hegels ein: »Die Wunden des Geistes heilen, ohne Narben zu hinterlassen«. Dieses interessante Wort muß man ausweiten: Ist es nicht ein Wunder der Natur, daß sie zu heilen weiß, auch ohne Narben zu hinterlassen? Das Gesundwerden ist dann wie ein Wieder-Zurücktreten in die den Wiederhergestellten tragenden Lebensbahnen. In diesem Sinne ist der Arzt nur jemand, der dabei mitgeholfen hat, was die Natur selber vollbringt. Ein Ausspruch des griechischen Arztes Alkmaion lautet: »Die Menschen müssen deshalb sterben, weil sie nicht gelernt haben und nicht imstande sind, das Ende mit dem Anfang wieder zu verbinden.« Ist das nicht in Wahrheit ein arges Wort? Da fehlt uns nicht etwas, sondern alles. Denn das hat die lebende, lebendige Natur durch alle ihre Anfechtungen der Verwundung und der Erkrankung gelernt, vom Ende der Krankheit wieder zu einem Anfang zurückzukehren. Und nun sagt Alkmaion: »Selbst der Tod ist ein bloßes Eingehen in den Kreislauf der Natur«. Alkmaion hat offenbar das wunderbare Vorbild der Selbsterneuerung der Natur vor Augen, wenn er das individuelle sterbliche Los gerade dadurch definiert, daß es diesen Kreisgang der Rückkehr nicht vermag. Welche Weisheit in diesem Eingehen, das man nicht Sterben nennt!

Nun, wenn wir uns das vor Augen stellen, was tut die moderne Wissenschaft? Wir verdanken Galilei und dem gewaltigen Aufbruch des 17. Jahrhunderts, daß wir in einem ganz neuen Sinne Wissenschaft betreiben. Moderne Wissenschaft zeichnet sich dadurch aus, daß sie mit Hilfe eines mathematischen Entwurfs das Konkrete der beobachteten Gegenstände in eine allgemeine Gesetzlichkeit zu stellen weiß. Dadurch hat sie die verwunderliche und erstaunliche Fähigkeit entwickelt, die Faktoren, welche einen Effekt im Erfahrungsfelde des Lebens bewirken, so zu artikulieren und zu kontrollieren, daß selbst das Einführen neuer Faktoren als Heil-Faktoren gelingen kann. Es ist zweifellos eine der entscheidenden Leistungen der modernen Wissenschaft gewesen, einen solch konstruktiven Entwurf zu vermögen, so daß sich in seinen Grundzügen das Allgemeine in seiner Konkretion begreifen läßt. Aber es ist ja klar, daß auch dabei nicht alles gelingt. Es ist klar, daß wir auch etwas von der Selbstheilungskraft der Natur und des Geistes brauchen. Geist – man denke nichts zu Hohes darin – Geist ist auch der Leib, und Geist ist auch das Lebendige, beides ist die Geistigkeit unserer Lebendigkeit, die wir selbst sind, die wir eigentlich alle sind, der Leidende und gerade auch der dem Leidenden Helfende, der Arzt. Darum geht es offenbar, daß wir die Kunst, mit der wir die Wissenschaft objektivieren können, in diese andere Dimension umsetzen lernen, in der sich Lebendigkeit erhält und erneuert.

Jeder wird das als eine Trivialität sofort akzeptieren. Das ist offenbar die Aufgabe. Aber wie macht man das? Man wird erläutern: Objektivieren heißt in der modernen Wissenschaft ›messen‹. In der Tat: In Experimenten und mit Hilfe quantitativer Methoden werden Lebenserscheinungen und Lebensfunktionen gemessen. Alles wird gemessen. Wir sind sogar kühn genug – wohl eine der Fehlerquellen unserer genormten Medizin –, sogenannte Standardwerte zu fixieren und Krankheit nicht so sehr dem Auge anzusehen oder der Stimme anzuhören als von dem Meßwerte-Bündel abzulesen, das unsere Meßgeräte liefern. Beides ist vielleicht nötig, aber beides zu vereinen ist schwer.

Nun, wenn wir so ansetzen, müssen wir uns fragen, was heißt denn hier Maß? Ich schätze die Gedanken Platons, deren Studium ich nur jedem empfehlen kann, der verstehen will, was ihm in der modernen Wissenschaftswelt zu fehlen scheint. Da gibt es in dem Gespräch über den Politiker die hochaktuelle Frage, wer ein wahrer Staatsmann im Unterschied zu einem bloßen Funktionär der Gesellschaft ist. Plato unterscheidet zweierlei Maß. Einmal das Maß, das man nimmt, wenn man Maß nimmt und von außen an einen Gegenstand heranbringt, und dann das Maß, das in der Sache selber liegt. Die griechischen Ausdrücke hierfür lauten μέτρον für Maß und μέτριον, zu deutsch: das Gemessene oder das Angemessene. Was aber bedeutet ›angemessen‹? Offenbar die *innere* Maßhaftigkeit des sich als lebendig verhaltenden Ganzen. So empfinden wir in der Tat die Gesundheit – und so haben es auch die Griechen gesehen – als Harmonie, als die maßhafte Angemessenheit. Während man im Falle der Krankheit das Zusammenspiel, die Harmonie von Wohlsein und Weggegebenheit an die Welt als gestört empfindet. Wenn wir die Dinge so betrachten, dann ist das μέτριον, das Angemessene, auf dem Wege des bloßen Messens in der Tat nur sehr bedingt zugänglich. Dazu gehört zu allererst, wie ich schon sagte, das Hinsehen und das Hinhören auf den Patienten. Wir wissen ja, wie schwierig das in den großen modernen Kliniken ist.

Ich versuche einen weiteren Schritt zu gehen. Es ist klar, es ist zweierlei Maß, das uns einerseits in der Hand der Wissenschaft, andererseits im Ganzen unseres In-der-Welt-Seins immer wieder begegnet. Wir haben mit einer modernen Terminologie jene Systeme zu beschreiben gelernt, deren Wirkungskreise nicht nur unseren biologischen Organismus, sondern ebenso unzählige Institutionen und Einrichtungen unseres sozialen menschlichen Lebens bewegen. Was folgt aus unserer Betrachtung? Vereinfachend würde ich sagen, auf der einen Seite gibt es das Hinsehen und Feststellen mit Hilfe messender Verfahren, eine Art von fast rechnerischer Erkenntnis dessen, wie Krankheit zu beeinflussen ist. Auf der anderen Seite gibt es die *Behandlung*, ein sehr vielsagendes und bedeutungsvolles Wort. In ›Behandlung‹ hört man noch buchstäblich die Hand, die gelernte, die geübte Hand, die am Gewebe tastend erkennt. ›Behandlung‹ geht weit über die Fortschrittlichkeit moderner Techniken hinaus. Da gibt es nicht nur die Hand, es gibt auch das feine Ohr, das das richtige Wort heraushört, und es gibt das beobachtende Auge des Arztes, das mit schonendem Blick sich selbst zu verbergen sucht. Es gibt so vieles, das für den Patienten in der Begegnung mit der Behandlung wesentlich wird.

Die Überlegungen, die ich hier anstelle, sind der Eindruck eines distanzierten, zum Glück seltenen und immer gut versorgten Patienten. Ich denke aber vor allem auch an die Alten und an die chronisch Kranken. Ihr Kranksein ist heute für die Medizin von besonderer Bedeutung und stellt die Grenzen des technischen Könnens unter besonders schmerzhaften Beweis. Gerade bei der Behandlung des chronisch Kranken und schließlich bei der Begleitung des Sterbenden werden wir immer wieder daran erinnert, daß der Patient eine Person ist und kein ›Fall‹. Wir kennen die routinierten Formulierungen, mit denen der Arzt für gewöhnlich sich seiner Verantwortung gegenüber dem Kranken entledigt. Wenn es ihm aber gelingt, den Patienten in seine Lebenswelt wieder zurückzuführen, weiß er, daß er eine Hilfestellung nicht nur für den Augenblick, sondern auf Dauer zu leisten hat. Hier muß er nicht nur handeln, er muß *be*handeln.

Nun ziehe ich einen Schluß für uns alle. In meinen Augen bleibt die chronische Gesundheit der besondere Fall, mit dem wir alle als Menschen konfrontiert sind. Alle haben wir uns selbst zu behandeln. In meinen Augen ist es das tragische Schicksal unserer modernen Zivilisation, daß die Entwicklung und Spezialisierung des wissenschaftlichen und technischen Könnens unsere Kräfte der Selbstbehandlung gelähmt hat. Wir müssen uns dies in der heutigen, so veränderten Welt eingestehen. Ich weiß sehr wohl zu würdigen, welche Rolle die moderne Medizin zu spielen hat. Da ist nicht immer nur zu heilen, sondern oftmals geht es darum, die Arbeitsfähigkeit zu erhalten. Das sind Zwangsläufigkeiten unseres industriellen Daseins, die wir alle akzeptieren müssen. Was aber darüber hinausgeht, das ist die Behandlung, die wir uns selber zuwenden, dieses Abhören, dieses auf sich Lauschen und das Sich-Erfüllen mit dem Ganzen des Weltreichtums in einem ungestörten, nicht von Leiden beeinträchtigten Augenblick. Da sind Augenblicke, in denen jeder sich selbst am nächsten ist. Auch das sind Behandlungsformen, und ich bin mehr und mehr überzeugt, daß man alles tun muß, um in unserer Industriegesellschaft den Wert solcher Prävention angesichts der Bedeutung des Heilens zu steigern. Darauf wird es auf die Dauer für uns entscheidend ankommen, wenn wir unter den veränderten Lebensbedingungen der technisierten Welt zurechtkommen sollen und wenn wir lernen, die Kräfte wiederzubeleben, mit denen das Gleichgewicht, das Angemessene, das mir Angemessene, das jedem einzelnen Angemessene, bewahrt und wiedergefunden wird.

Die Wissenschaft und ihre technische Anwendung haben zu einem Herrschaftswissen in großem Maßstab und an Grenzsituationen herangeführt, die sich schließlich verletzend gegen die Natur wenden. Neben diesem Wissen und Können, mit dem uns die Welt wie ein zu beherrschender Gegenstand und als ein Widerstandsfeld begegnet – Gegenstand ist Widerstand, dessen Brechung und Bewältigung durch Wissen unsere Aufgabe ist –, bietet uns die Welt noch jenen anderen Aspekt, den wir in der Philosophie dieses Jahrhunderts mit einem von Husserl eingeführten Ausdruck ›dieLebenswelt‹ nennen. Als ich in meiner Jugendzeit zur Philosophie kam, war das Faktum der Wissenschaft das letzte Wort und bildete die Basis der sogenannten Erkenntnistheorie. Die Dinge verändern sich, und so denken wir heute mit mehr Bewußtsein daran, daß die methodische Wissenschaft sich durch ihr Können ihre Grenzen setzt. Sie wird diese Grenzen zwar immer wieder zu überwinden suchen. Eine obskurantistische Grenzziehung kann es da nicht geben. Es gibt aber noch andere Grenzen, die geachtet werden müssen, scheint mir. So darf durchaus behauptet werden, daß man keine Person wirklich behandeln kann, die sich selber nur als ›Fall‹ sieht, und daß auch kein Arzt einem Menschen über schweres oder leichteres Gebrechen, mit dem er sich abfinden muß, hinweghelfen kann, wenn er nur das routinemäßige Können seines Fachs einsetzt. In beiden Perspektiven sind wir Partner einer uns alle tragenden Lebenswelt. Und die Aufgabe, die uns allen als Menschen gesetzt ist, heißt, in dieser Lebenswelt unseren Weg zu finden und unsere wirklichen Bedingtheiten anzunehmen. Dieser Weg enthält für den Arzt die doppelte Verpflichtung, seine hochspezialisierte Könnerschaft mit der Partnerschaft in der Lebenswelt zu vereinen.

Es gilt, über Dinge nachzudenken, die nicht nur den Arzt in seiner Berufsbildung und in seinen Berufsinteressen angehen, sondern die jeden mitbetreffen. Wer kennt nicht die ersten bestürzenden Erfahrungen im erwachenden Kindesalter? Da wird man plötzlich für krank erklärt, unter der Autorität der Eltern, und darf am Morgen nicht aufstehen. Im späteren Leben häufen sich erst recht solche Erfahrungen, die deutlicher machen, daß das eigentlich Sonderbare nicht so sehr in der Krankheit liegt, als im Wunder der Gesundheit.

Das gibt mir Anlaß, die wissenschaftstheoretische und praktische Situation in den größeren Zusammenhang der von der modernen Wissenschaft geprägten Gesellschaft zu stellen und zu fragen, wie wir uns in unserer Lebenspraxis mit Gesundheit und Krankheit orientieren sollen. Es kann kein Zweifel sein, daß sich in der Erfahrung von Gesundheit und Krankheit etwas von einer allgemeinen Problematik anzeigt, die sich nicht auf die besondere Stellung der medizinischen Wissenschaft innerhalb der modernen Naturwissenschaft beschränken läßt. Es wäre begrüßenswert, wenn man sich der Unterschiede bewußt würde, die zwischen wissenschaftlicher Medizin und eigentlicher Heilkunst bestehen. Letztlich ist das der Unterschied, der zwischen dem Wissen der Dinge im allgemeinen und den konkreten Anwendungen dieses Wissens auf den einmaligen Fall besteht. Das aber ist ein Urthema der Philosophie und des Denkens und ist auch ein besonderer Gegenstand meiner eigenen philosophischen Arbeit, die man als Hermeneutik bezeichnet. Offenkundig läßt sich das eine, das Wissen im allgemeinen, lernen, das andere läßt sich nicht lernen, sondern muß durch eigene Erfahrung und durch eigene Urteilsbildung langsam reifen.

Damit rückt unser Thema in einen ganz weiten Zusammenhang, der im Grunde uns allen, seit der Entstehung der modernen Wissenschaft und ihrer Spannung zu dem Erfahrungsschatz der Menschheit, als Lebensaufgabe gestellt ist. Wir leben in einer durch die Wissenschaft immer mehr umgearbeiteten Umwelt, die wir kaum noch Natur zu nennen wagen, und auf der anderen Seite in einer durch die Wissenschaftskultur der Neuzeit geformten Gesellschaft, in der wir uns zurechzufinden haben. Da sind es tausend Vorschriften und Regelungen, die am Ende alle auf eine steigende Bürokratisierung des Lebens hindeuten. Wie soll man da nicht den Mut zu einer eigenen Lebensgestaltung verlieren?

Es scheint mir vielsagend, daß in der fortgeschrittenen technischen Zivilisation unserer Tage ein Ausdruck wie »Lebensqualität« erfunden werden mußte. Er soll beschreiben, was inzwischen gelitten hat. Nun ist es in Wahrheit ein Urthema des Menschen, daß man sein Leben zu »führen« und sich zu fragen hat, wie man es führen soll. Das gilt nicht nur für den europäischen, durch die Wissenschaft geprägten Menschen. Es ist ein Urthema, das selbst dort besteht, wo religiöse Riten und das Heilswissen die Gesundheitspflege bestimmen, die von gewissen Führungsfiguren und gesellschaftlichen Gruppen, wie zum Beispiel weisen Frauen oder Medizinmännern, beherrscht wird. Überall stellt sich da unvermeidlicherweise die Frage, ob nicht die sich speichernde Erfahrung langsam zur Festigung und Entwicklung von Praktiken führt, die sich ehedem bewährt haben sollen und die sich in Geltung halten, auch wenn wir sie nicht mehr bewährt finden, und deren Wirkungsgründe wir jedenfalls überhaupt nicht kennen. Das hat gewiß in allen Frühzeiten das Leben der Menschheit bestimmt, und zwar nicht nur auf dem einen Gebiet von Gesundheit und Krankheit. In den Lebensfragen von Gesundheit und Krankheit tritt nur die Grundspannung unserer durch die Wissenschaft gegründeten Zivilisation in besonderem Maße hervor. Das suchte ich durch den Titel »Die Verborgenheit der Gesundheit« anzudeuten.

Wenn man die medizinische Wissenschaft definieren will, so kann man sie am ehesten als die Wissenschaft von der Krankheit definieren. Die Krankheit ist es, was sich aufdrängt, als das Störende, das Gefährliche, mit dem es fertigzuwerden gilt. So paßt es recht gut zu der großen Aufbruchsstimmung, unter der sich die moderne Wissenschaft zu Beginn der Neuzeit sei dem 17. Jahrhundert befunden hat, daß sich im deutschen Denken der Begriff des »Gegenstandes« durchgesetzt hat. Das Wort ist vielsagend. »Gegenstand« ist das, was Widerstand leistet, was sich dem naturhaften Drang und der Einfügung in das Lebensgeschehen widersetzt. Wir rühmen das an der Wissenschaft als ihre Objektivierungsleistung, durch die sie zur Erkenntnis gelangt. Dabei steht das Messen und das Wägen allem voran. Wir können uns nie ganz davon freimachen, daß es zunächst eine Bezwingung der Krankheitserscheinungen ist, auf die unsere wissenschaftliche und medizinische Erfahrung gerichtet ist. Es geht sozusagen um eine Bezwingung der Natur, wo Krankheit auftritt. Es kommt darauf an, daß man die Krankheit beherrscht.

Durch die moderne Wissenschaft wird die Natur mit Hilfe des Experiments zu Antworten gezwungen. Die Natur wird gleichsam gefoltert. Das entstammt dem großen Auftrieb des 17. Jahrhunderts, sich von überlebten Vorurteilen zu befreien und sich nach allen Richtungen zu neuen Erfahrungen aufzumachen. Man sollte sich klarmachen: Das Wort »Ganzheit«, das heute so oft gebraucht wird, ist nicht zufällig eine sehr junge Wortbildung. Man kann das Wort noch nicht in den Lexika des 19. Jahrhunderts finden. Da mußte sich zuvor der Methodengedanke der mathematisch-experimentellen Wissenschaft in der Heilkunst so weit durchgesetzt haben, daß man sich in dem Labyrinth der Spezialisierungen wie verirrt vorkommen konnte und die Orientierung im ganzen vermißte. Wir stehen alle unter dem Antrieb unserer eigenen methodischen Selbstgewißheit und Selbstvergewisserung, die mit Wissenschaftlichkeit und Objektivität verbunden ist. Man soll nur nicht glauben, daß wir diesem Gesetz einfach den Rücken kehren können. Wenn wir hier zusammen sind, hoffe ich, daß wir alle es mit einer Aufgabe zu tun haben, die einen jeden, der die Wissenschaft ernst nimmt, und gerade dann, unter die Parole der Ganzheit stellt. Sie gilt für jeden einzelnen Arzt, jeden einzelnen Patienten und noch mehr für all diejenigen, die nicht erst Patient zu werden wünschen – und das sind wir am Ende alle. Wir müssen uns leider eingestehen, daß dem Fortschritt der Wissenschaft der Rückschritt der allgemeinen Gesundheitspflege und der Prävention auf dem Fuß gefolgt ist.

So viel ist jedenfalls klar – der Begriff der »Ganzheit« ist ein kunstvoller Ausdruck –, der durch seinen Gegenbegriff, die »Spezialisierung«, notwendig und vielsagend geworden ist. Spezialisierung ist der unaufhaltsame Zug der modernen Wissenschaft und aller ihrer Verfahren. Das Gesetz der Spezialisierung ist, wie wir alle wissen, durchaus nicht auf die Entwicklung der medizinischen Wissenschaft und Praxis allein beschränkt. In allen Disziplinen der wissenschaftlichen Forschung stehen wir vielmehr vor der gleichen Situation, die durch die methodische Abschottung aller wissenschaftlichen Objektbereiche herbeigeführt wird und uns zu interdisziplinärer Bemühung nötigt. Gebiete, die man mit den Mitteln methodischer Verifikation überhaupt nicht beherrschen kann, definieren wir sogar als Grauzonen, und mit diesem Begriff bezeichnen wir durchaus nicht nur solche Dinge, die offenkundig Narretei sind. Da haben wir zum Beispiel die Astrologie. Ob wirklich jemand erklären kann, wieso man so erstaunliche Aussagen über Menschenschicksale auf Grund von Horoskopen machen kann, die sich bewahrheiten? Da mag man skeptisch sein. Da kann einer gleichwohl seine Erfahrungen machen. Aber jedenfalls kann man sich das nicht erklären. In Wahrheit gibt es unzählige Beispiele, in denen die Wissenschaft nicht sagen kann, was ein bestimmtes Verfahren in der Praxis leistet. Seit langem kennen wir etwa die Homöopathie als eines dieser Gebiete. Es waren sogar die wohlmeinenden unter den skeptischen Klinikern, die sie »Oudenopathie«* nannten und meinten, daß durch diese Medikamente geringer homöopathischer Dosen in Wahrheit überhaupt keine Wirkung ausgeübt werde und sie sich nur deshalb in der Erfahrung bewähren, weil sie gegen den Mißbrauch chemischer Medikamente eine geradezu vorzügliche Heilwirkung ausüben.

Die Grundtatsache bleibt, daß die Krankheit und nicht die Gesundheit das sich selbst Objektivierende, d. h. sich Entgegenwerfende, kurz, das Aufdringliche ist. Beinahe hätte ich gesagt, daß sie ihrem Wesen nach ein »Fall« ist. So sagt

---

* Ouden: aus dem Griechischen: »nichts«, hier im Sinne von: überhaupt nichts tun

man ja auch wirklich, daß etwas ein Krankheitsfall ist. Was heißt Fall? Der Gebrauch des Wortes kommt ohne Zweifel von dem Würfelspiel. Fall heißt also, was im Würfelspiel des Lebens einem zufällt. Von da ist das Wort in die Grammatik und ihre Lehre von der Deklination eingedrungen und bezeichnet die Rolle, die einem Hauptwort im Satzzusammenhang zufällt (Fall heißt griechisch ptosis, lateinisch casus). So ist es auch mit der Krankheit, daß sie wie ein Zufall ist. Das griechische Wort »Symptom« heißt eigentlich Zufall und ist auch im Griechischen schon für die Auffälligkeiten einer Krankheit gebraucht. Es bezeichnet das, was bei einer Krankheit in der Regel mit auffällt. Wieder wird uns hier beschäftigen, daß das eigentliche Geheimnis in der Verborgenheit der Gesundheit liegt. Sie bietet sich nicht selbst an. Natürlich kann man auch Standardwerte für die Gesundheit festlegen. Wenn man aber etwa einem gesunden Menschen diese Standardwerte aufzwingen wollte, würde man ihn eher krank machen. Es liegt eben im Wesen der Gesundheit, daß sie sich in ihren eigenen Maßen selbst erhält. Die Gesundheit läßt sich Standardwerte, die man auf Grund von Durchschnittserfahrungen an den Einzelfall heranträgt, als etwas Ungemäßes nicht aufzwingen.

Mit Absicht gebrauche ich den Ausdruck »ungemäß«, um bewußt zu machen, daß Regelanwendungen auf Grund von Meßwerten nicht natürlich sind. Messungen, ihre Maßstäbe und die Maßverfahren bedienen sich einer Konvention, in deren Gefolge wir an die Dinge herantreten und sie der Messung unterwerfen. Aber es gibt auch ein natürliches Maß, das die Dinge in sich selbst haben. Wenn man Gesundheit in Wahrheit nicht messen kann, so eben deswegen, weil sie ein Zustand der inneren Angemessenheit und der Übereinstimmung mit sich selbst ist, die man nicht durch eine andere

Kontrolle überbieten kann. Deshalb bleibt die Frage an den Patienten sinnvoll, ob er sich krank fühlt. Man hat den Eindruck, daß im Können des großen Arztes oft Faktoren ihrer geheimsten Lebenserfahrung im Spiel sind. Es ist nicht allein der wissenschaftliche Fortschritt der klinischen Medizin oder das Eindringen chemischer Methoden in die Biologie, was den großen Arzt ausmacht. Das sind alles Fortschritte der Forschung, die es möglich machen, die Grenzen ärztlicher Hilfe zu erweitern, vor denen man ehedem hilflos stand. Zur Heilkunst gehört aber nicht nur die erfolgreiche Krankheitsbekämpfung, sondern auch die Rekonvaleszenz, und am Ende die Gesundheitspflege.

Wieder möchte ich an einem Sprachgebrauch erläutern, wie die innere Angemessenheit, die innere Übereinstimmung, die man nicht messen kann, überall mitgedacht ist. Man erwartet von dem Arzt, daß er seinen Patienten »behandelt«. »Behandeln« heißt palpare, d. h. mit der Hand (der palpa) am Leibe des Kranken vorsichtig und feinfühlig tasten, damit man Spannungen und Verspannungen bemerkt, die vielleicht die subjektive Lokalisierung des Patienten bestätigen oder korrigieren, die man Schmerz nennt. Die Funktion des Schmerzes im Leben ist, daß die subjektive Empfindung auf eine Störung in dem gefügten Ausgleich der Lebensbewegung hinweist, in der Gesundheit besteht. Man kennt ja das Problem – vor allem beim Zahnarzt –, wie schwer es ist, einen Schmerz zu lokalisieren. Man kann daher den Schmerz, zum Beispiel auch einfach durch die Hand, sogar »ableiten«. Jedenfalls bleibt das Tun des Arztes eine wahre Kunst, wenn einer das kann.

Es gibt eine berühmte Geschichte von dem großen Krehl, dessen Name jedem Heidelberger Mediziner wie ein Mythos vertraut klingt. Die Geschichte ist auch wahr wie ein

Mythos. Da wurde 1920 das elektrische Hörrohr eingeführt, und Krehl wurde von seinen Studenten gefragt, ob das nun besser sei. Er sagte: »Tja, die alten Hörrohre waren schon besser fürs Hören. Aber ob Ihre Autorität ausreicht, kann ich nicht beurteilen.« Mit der Palpatio ist es auch so. Wer das wirklich kann, der spürt etwas, und jeder gute Arzt muß versuchen, es zu lernen.

Ich gebe zu, daß es ein wenig kathederhaft gelehrt klingt, wenn man überhaupt bei »Behandlung« an die Hand denken soll. Aber Kathederweisheit ist nicht immer Unsinn. Es ist manchmal ganz vernünftig, auch so etwas zu wissen. Fahren wir also fort, nachdem die Herkunft des Wortes Palpatio klar ist, zu fragen: Was ist eigentlich »behandeln«? Wieder weist der Sprachgebrauch weit über die ärztliche Situation hinaus. Wir behandeln einander ja auch, ohne daß wir Ärzte sind – manchmal gut, manchmal schlecht. Was tun wir denn da eigentlich? Was ist damit gemeint? Offenbar besteht die Aufgabe darin, einen »richtig« zu behandeln. Heißt das, daß wir da eine Norm erfüllen oder eine Regel befolgen? Eher schon meine ich, daß wir den anderen richtig ansprechen, ihn nicht vergewaltigen, ihm nicht irgend etwas aufdrängen oder aufzwingen, zum Beispiel ein Maß oder eine Vorschrift. Ob es die Normierung durch die modernen Meßgeräte ist oder der Erziehungsdespotismus einer Schulbehörde oder die Autoritätswütigkeit eines Lehrers oder eines Vaters, all dem gegenüber gilt es, den anderen in seinem Anderssein anzuerkennen. Nur dann wird man ihn ein wenig anleiten können, so daß er seine eigenen, ihm eigenen Wege zu finden weiß. Behandlung enthält immer zugleich Freigabe und besteht nicht nur darin, Vorschriften zu machen oder Rezepte zu schreiben. Dem Arzt ist es ja im Grunde klar, wenn es heißt: Der und der ist in meiner Behandlung. Das meint eine gewisse Verantwortung, aber auch eine gewisse freigebende Fürsorge. Kein Arzt dürfte jedenfalls so vermessen sein, den Patienten beherrschen zu wollen. Er soll ihm raten und ihm helfen, wenn er kann, und weiß doch, daß der Patient nur, bis er wiederhergestellt ist, in seiner Behandlung ist.

Jede Behandlung dient der Natur, der aus dem Griechischen kommende Ausdruck »Therapie« heißt Dienst. Auch das bedarf einer Art des Könnens, die sich nicht nur gegen die Krankheit bewährt, sondern die gerade auch dem Kranken selbst gilt. So liegt in aller Behandlung Vorsicht und Rücksicht. Der Arzt muß Vertrauen zu seinem Können einflößen, aber er darf nicht die Autorität spielen, wenn er Autorität haben will. Die Chirurgen sind einem deshalb manchmal so unheimlich, wenn sie sagen: »Das machen wir weg.« Man kann die Redeweise verstehen, weil die moderne Chirurgie tatsächlich wie ein hochgetriebenes Kunsthandwerk betrieben wird. Und doch weiß der Arzt, daß er es mit einem menschlichen Organismus zu tun hat, und gerade der Chirurg muß bedenken, daß es manchmal um Leben und Tod geht. Alles in allem bleibt es eben dabei, daß die eigentliche Leistung des Arztes nicht ist, etwas zu machen. Er kann gewisse Steuerungsbeiträge zur Gesundheit, zum Gesundwerden beitragen. Aber was ist nun eigentlich die Gesundheit, dieses geheimnisvolle Etwas, das wir alle kennen und irgendwie gerade gar nicht kennen, weil es so wunderbar ist, gesund zu sein?

Ich habe am Begriff Behandlung deutlich zu machen gesucht, was da vom Arzt eigentlich verlangt wird. Jedenfalls bedeutet es nicht, das Leben eines Menschen zu beherrschen. Zwar ist ein Lieblingsausdruck in der modernen Welt, daß man etwas beherrscht, zum Beispiel eine fremde

Sprache, oder in der modernen Medizin, daß man eine Krankheit beherrscht. Das ist gewiß ganz korrekt ausgedrückt. Es gilt freilich immer nur mit einer Einschränkung. Es gibt überall Grenzen. So sagen wir es wohl mit Recht, wenn wir etwas Regelgerechtes tun: »Das können wir schon.« Aber am Ende geht es doch um mehr. Es ist doch nicht nur ein Krankheitsfall. Daher ist es gar nicht so überwältigend komisch – und gräßlich genug –, daß man heute, wenn man in eine Klinik kommt, seinen ehrlichen Namen verliert und eine Nummer bekommt. Es hat seine Logik. Man muß in eine bestimmte Abteilung dirigiert werden. Denn man geht ja in die Klinik zur Untersuchung. Am Schluß darf man erfahren, daß man ein Fall von etwas ist.

Alle diese vorbereitenden Beschreibungen verweilen nicht zufällig bei den Erfahrungen, die man als Kranker macht. Unser eigentliches Thema heißt aber: »Die Verborgenheit der Gesundheit«. Noch immer visieren wir dieses Thema vom Gegenteil aus an. Selbst wenn man sagt, es sei gelungen, die Krankheit zu beherrschen, hat sich am Ende die Krankheit schon von der Person getrennt und wird wie ein Eigenwesen behandelt, mit dem wir fertigwerden müssen. Das hat sogar besonderen Sinn, wenn wir in großen Maßstäben denken, etwa an die großen Seuchen, deren Beherrschung der neuzeitlichen Medizin so weitgehend gelungen ist. Dabei wissen wir gleichwohl, daß solche Seuchen immer wieder viele einzelne Kranke sind, die ihr zum Opfer fallen. Gleichwohl sind sie wie ein eigenes Lebewesen. Die Menschen müssen versuchen, ihren Widerstand zu brechen, auch wenn am Ende wieder neue Angriffskräfte der Natur anderswo auftauchen. Am Ende unserer Überlegungen wird herauskommen, daß Gesundheit immer in einem Horizont von Störung und Gefährdung steht.

Aber jede einzelne Krankheit hat ein besonderes Gegenüber, zumal da in einem jeden die besonderen Fehlerquellen denkender Wesen hineinspielen. Man fühlt sich nicht recht. Man bildet sich etwas ein. Wer in seinem Beruf auf Schwierigkeiten stößt, der kennt das bald, daß sich dann alle möglichen somatischen Störungen zeigen, weil die Arbeit nicht recht vorangeht. Hier in Heidelberg ist die Psychosomatik nicht ganz unbekannt, und sie mag immerhin ein allgemeines Verdienst darin haben, daß der Arzt mehr und mehr sich dessen bewußt ist, wie sehr er von der Mitarbeit des Patienten abhängt und wie die bewährtesten Wirkungsweisen immer wieder von individuellen Faktoren abhängen, die einen überraschen.

Es ist nicht meine Sache, über Dinge zu sprechen, die andere besser aus eigener Erfahrung kennen. In Wahrheit ist aber die Medizin nur einer der Aspekte des gesellschaftlichen Lebens, das durch die Wissenschaft, Rationalisierung, Automatisierung und Spezialisierung uns Probleme stellt. Vor allem die Spezialisierung ist aus sachlichen Notwendigkeiten heraus geboten – wo sie jedoch zu festgefahrenen Gewohnheiten erstarrt, wird sie zugleich auch zu einem Problem. Die Entwicklung solcher Verfestigungen hat in der menschlichen Natur ihre Wurzeln. Aber es hat in der Wissenschaftskultur der Neuzeit zu Lebensformen geführt, die das Leben des einzelnen in weitem Umfange automatisieren.

Welche Möglichkeiten haben wir dann eigentlich, wenn es sich um Gesundheit handelt? Es liegt ganz unzweifelhaft in der Lebendigkeit unserer Natur, daß die Bewußtheit sich von sich selbst zurückhält, so daß Gesundheit sich verbirgt. Trotz aller Verborgenheit kommt sie aber in einer Art Wohlgefühl zutage, und mehr noch darin, daß wir vor lauter

Wohlgefühl unternehmungsfreudig, erkenntnisoffen und selbstvergessen sind und selbst Strapazen und Anstrengungen kaum spüren – das ist Gesundheit. Sie besteht nicht darin, daß man sich in den eigenen schwankenden Befindlichkeiten immer mehr um sich sorgt oder gar Unlustpillen schluckt.

Die Störung der Gesundheit ist es, die die Behandlung durch den Arzt nötig macht. Zu einer Behandlung gehört das Gespräch. Es beherrscht die entscheidende Dimension allen ärztlichen Tuns, nicht nur bei den Psychiatern. Das Gespräch trägt die Humanisierung der Beziehung zwischen fundamental Ungleichen, zwischen dem Arzt und dem Patienten. Solche ungleichen Beziehungen gehören zu den schwersten Aufgaben zwischen Menschen. Der Vater und der Sohn. Die Mutter und die Tochter. Der Lehrer, der Jurist, der Seelsorger, kurz: der Fachmann. Aber damit ist ein jeder von uns wohl vertraut, wieviel dazu gehört, daß man sich versteht!

Man mache es sich nur bewußt, daß es zwar sinnvoll ist zu fragen: »Fühlen Sie sich krank?« Aber es wäre fast lächerlich, wenn einer einen fragte: »Fühlen Sie sich gesund?« Gesundheit ist eben überhaupt nicht ein Sich-Fühlen, sondern ist Da-Sein, In-der-Welt-Sein, Mit-den-Menschen-Sein, von den eigenen Aufgaben des Lebens tätig oder freudig erfüllt sein. Versuchen wir es gleichwohl, die Gegenerfahrungen aufzusuchen, an denen das Verborgene sich zeigt. Aber was bleibt denn dort, wenn man zwar mißt, aber wenn man alles Gemessene einer kritischen Prüfung unterwerfen muß, weil die Standardwerte im Einzelfall in die Irre führen können? Wieder deutet das Sprachliche in eine wichtige Richtung. Wir hatten gesehen, daß Gegenstand, Widerstand und Objektivierung eng zusammengehören, weil es eben die

Aufsässigkeiten sind, die sich in der menschlichen Lebenserfahrung aufdrängen. Am anschaulichsten ist es daher, sich die Gesundheit als einen Gleichgewichtszustand zu denken. Gleichgewicht ist wie Gewichtslosigkeit, da sich die Gewichte gegeneinander ausspielen. Störung von Gleichgewicht kann nur durch Gegengewichtung behoben werden. Durch jeden Versuch, eine Störung durch Gegengewichtung auszugleichen, droht jedoch schon ein neuer umgekehrter Gleichgewichtsverlust. Man erinnere sich, wie es war, als man zum ersten Mal auf ein Zweirad stieg. Mit welcher Kraftanstrengung packte man da die Lenkstange an, um nur ja recht gegenzusteuern, wenn das Ding sich neigte, und schon lag man auf der anderen Seite.

Die Aufrechterhaltung des Gleichgewichts ist daher ein höchst lehrreiches Modell für unser Thema, weil es die Gefährlichkeit aller Eingriffe anzeigt. Es droht immer, daß man zuviel tut. Da gibt es eine schöne Stelle in Rilkes Duineser Elegien: »Wie das ständige Zuwenig umspringt in das leere Zuviel.« Das ist eine sehr gute Beschreibung, wie ein Gleichgewicht durch Forciertheit, durch übermäßigen Einsatz, verlorengeht. Gesundheitspflege wie bewußte medizinische Behandlungsweise ist von solcher Erfahrung beherrscht. Das mahnt zur Scheu vor unnötiger Anwendung von Medikamenten, weil es so enorm schwierig ist, auch für diese Art von Eingriff den richtigen Augenblick und die richtige Dosis zu treffen. So nähern wir uns mehr und mehr dem, was Gesundheit eigentlich ist. Sie ist die Rhythmik des Lebens, ein ständiger Vorgang, in dem sich immer wieder Gleichgewicht stabilisiert. Wir kennen es alle. Da ist der Atem, da ist der Stoffwechsel, da ist der Schlaf. Das sind drei rhythmische Phänomene, deren Ablauf Lebendigkeit, Erfrischung und Energieaufbau bewirkt. Man muß nicht ein so unmäßiger Leser sein, wie Aristoteles gewesen sein soll, der gesagt hat: »Man geht spazieren – um der Verdauung willen.« Man kann ja auch aus anderen Gründen oder ohne Grund spazierengehen. Aber so war Aristoteles. Man erzählte von ihm, daß er an den Abenden ständig las. Um nicht einzuschlafen, hielt er eine metallene Kugel in der Hand, unter der ein Metallbecken stand. Wenn er einschlief, weckte ihn die Kugel wieder auf, und er las weiter.

Nun, in Wahrheit sind diese rhythmischen Funktionen nicht wirklich beherrschbar, sie geschehen mit uns. Beim Schlafen geht es besonders geheimnisvoll zu. Es ist doch eines unserer größten Rätsel für unsere menschliche Lebenserfahrung. Die Tiefe des Schlafes, das plötzliche Erwachen, der Verlust des Zeitsinnes, so daß man nicht weiß, ob man Stunden geschlafen hat oder eine ganze Nacht. Das sind Sonderbarkeiten. Das Einschlafen ist vielleicht die genialste Erfindung der Natur oder Gottes – dieses Wegdämmern, so daß man nie sagen kann: »Jetzt schlafe ich.« Schwieriger ist das Erwachen, wenigstens bei der unnatürlichen Lebensweise in unserer Zivilisation, wo einem das Erwachen schwer wird. Gleichwohl sind es rhythmische Erfahrungen, die uns eigentlich tragen. Sie haben wenig Ähnlichkeit damit, daß man Tabletten nimmt und bewußt auf diese Dinge einwirken will.

Man könnte all diese Beobachtungen weiter ausspinnen, um in der Verborgenheit der Gesundheit das Geheimnis unserer Lebendigkeit zu erkennen. Wie das Leben ist, so rührt es auch an den Tod. Gerade der Arzt ist mit dieser Doppelwendigkeit unseres Daseins als der Wissende konfrontiert. So schwören alle Ärzte den hippokratischen Eid. Man weiß, worum es geht. Aber man weiß auch, wieviel die Daseinsapparatur unserer Zivilisation, die Erfahrung des Todes und die Probleme der Sterbensverlängerung dem Arzt auf das Gewissen legen. Bei Plato heißt es einmal, man könne nur den Leib nicht heilen, ohne die Seele – mehr noch, nicht ohne die Natur des Ganzen zu kennen. Das meint nicht Ganzheit im Sinne einer methodischen Parole, sondern die Einheit des Seins selbst. Es ist das Ganze von den Sternenbewegungen über die Witterung, über die Wasserbedingungen und die Beschaffenheiten der Äcker und Wälder, das die Natur des Menschen in seinem Befinden und in seiner Gefährdung umschließt. Medizin scheint eine wahre Universalwissenschaft, insbesondere, wenn man dieses Ganze noch um das Ganze unserer gesellschaftlichen Welt erweitert.

Aber vielleicht kann ein berühmtes Wort von Heraklit unsere Gedanken zum Thema noch einmal sammeln. Das Wort lautet: »Die verborgene Harmonie ist immer stärker als die offenkundige.« Ein Satz, der sofort einleuchtet, und doch vieles nicht sagt. Man denkt sofort an das Beseligende der Harmonie in der Musik, an die beglückende Auflösung von Tonverwicklungen oder an die plötzliche Erfüllung eines Gedankenerlebnisses. Erst recht aber leuchtet der Satz ein, wenn man an die Harmonie der Säfte denkt, wie die antike Medizin das nannte. Eben die Harmonie der Gesundheit beweist ihre eigentliche Stärke darin, daß sie einen nicht benommen macht, wie etwa der bohrende Schmerz oder der lähmende Wahn des Rausches, die in Wahrheit Störung anzeigen oder bewirken.

Ich komme zum Schluß. Der Philosoph hat immer die Aufgabe, von den konkreten Dingen wegzuführen und doch ins Bewußtsein zu heben, was am Ende etwas klarmacht. So mag auch hier klargeworden sein, wie jede medizinische Behandlung mit der Parole der Ganzheit zusammenhängt. Es handelt sich nicht um die bloße Übereinstimmung von Ursache und Wirkung, von Eingriff und Erfolg, sondern um eine verborgene Harmonie, um deren Wiedergewinnung es geht, und in der schließlich das Wunder der Rekonvaleszenz und das Geheimnis der Gesundheit liegt. Sie bedeutet Geborgenheit.

So möchte ich mit der Behauptung schließen: Zwar leben die Menschen wie alle lebenden Wesen in der Verteidigung gegen die ständigen und bedrohenden Angriffe auf ihre Gesundheit. Das ganze Schleimhautsystem des menschlichen Organismus ist wie eine Riesenschleuse, die das abfängt, was uns mit Schädlingen sonst überfluten würde. Dennoch sind wir nicht in einer ständigen Abwehrhaltung. Wir sind selber Natur, und es ist die Natur in uns, die mit dem abwehrbereiten, in sich gefügten organischen System unseres Leibes zugleich unser »inneres« Gleichgewicht zu halten weiß. Es ist ein einziges Ineinander der Lebendigkeit. Gegen die Natur kann man nur sein, wenn man Natur ist und wenn die Natur mit uns ist. So sollten wir nie vergessen, daß der Kranke wie der Arzt sich miteinander darin vereinigen, der Natur die Ehre zu geben, wenn uns Heilung zuteil wird.

Da ich gebeten werde, über den Begriff der Autorität zu sprechen, kann mein Beitrag nur der des Philosophen sein, das heißt dessen, der über das Begriffliche Rechenschaft zu geben berufen ist – und das ist auf der Grundlage dessen, was alle im Grunde denken. Denn was alle im Grund denken, ist in der Sprache sozusagen abgelagert und zum Begreifen greifbar. So beginne ich mit einer Erörterung des Wortes Autorität und seines Umfeldes.

Da ist es nun außerordentlich vielsagend, was mir mit meiner Sekretärin passierte, als ich das Wort »autoritativ« in der Absicht einer Unterscheidung von »autoritär« gebrauchte. Das Wort hatte sie noch nie gehört – so sehr hat das Wort »autoritär« das andere verdrängt. Die Überdeckung des Sprachgebrauchs von »autoritativ« ist sehr vielsagend. Wir gebrauchen das Wort »autoritativ« bei den immer seltener werdenden Gelegenheiten, an denen wir eine Aussage, ein Kommando, ein Urteil oder was immer widerspruchslos akzeptieren. Dagegen ist das Wort »autoritär« in der deutschen Sprache ganz jungen Ursprungs. Es ist offenkundig aus dem Französischen entlehnt. Im Deutschen spiegelt sein erster Gebrauch eine außerordentlich interessante und wichtige Phase unseres politischen Schicksals. Es wurde offenbar Ende der zwanziger oder Anfang der dreißiger Jahre unseres Jahrhunderts durch die Neokonservativen eingeführt, die damals, von der Schwäche der Weimarer Verfassung und dem Bedürfnis nach einer stärkeren Autorität der Regierungsgewalt überzeugt, nach dieser Richtung tätig wurden. Es war der sogenannte Tatkreis, zu dem Männer wie Zehrer, Nikisch u. a. zählten, der dann durch die verhängnisvollen Ereignisse des Jahres 1933 beiseite gedrängt wurde. Die Machtergreifung Hitlers erst hat dem Wort »autoritär« seinen bösen Klang verliehen. Es wurde mit dem Begriff des Totalitären sozusagen verschmolzen, und das ist ein Begriff, der unleugbar das große Erbe der europäischen Staats- und Verfassungsentwicklung preisgibt, die seit Montesquieu das Ideal einer Staatsverfassung anstrebt, nämlich die Teilung der Gewalten und den Schutz der Minderheiten. Der Begriff »autoritativ« hat demgegenüber eine klare und in seiner Weise zeitlos gültige Bedeutung. Wir können zum Beispiel von autoritativem Auftreten oder autoritativer Wirkung sprechen, etwa im Felde der Erziehung, und dann liegt ein positiver Akzent auf dem Begriff Autorität. Wenn wir etwa sagen, ein Lehrer habe keine Autorität, so wissen wir, daß damit etwas Unentbehrliches für den Erziehungsvorgang im Klassenraum bezeichnet ist. Umgekehrt wären wir nicht in der Lage, anstelle von antiautoritärer Erziehung antiautoritative Erziehung zu sagen. Das gäbe überhaupt keinen Sinn – so unentbehrlich ist Autorität für die Erziehung.

Dem will freilich das öffentliche Bewußtsein nicht gern folgen, und aus guten Gründen. Wir alle stehen auf dem Boden der neuzeitlichen Aufklärung, deren Grundsatz Kant auf eindrucksvolle Weise formuliert hat: »Habe Mut, dich deines eigenen Verstandes zu bedienen.« Das war gegen die Autorität der Kirchen und der Herrschenden gesagt und gab im Grunde den Tugenden des damals zur politischen Selbständigkeit aufsteigenden Bürgertums einen gültigen Ausdruck, seit es sich mündig fühlt. Im Bereich der Pädagogik konnte der positive Klang fortbestehen, weil Kinder nicht mündig sind.

Nun müssen wir in Wahrheit von diesem im deutschen

Sprachbewußtsein verwurzelten Begriff des Autoritativen ausgehen, wenn wir den Begriff von Autorität klären wollen. Da ist es sicher das entscheidende Moment, daß nur der autoritativ genannt werden kann, der sich nicht auf seine Autorität zu berufen braucht. Das Wort »autoritativ« meint eben nicht die von der Autorität ausgehende Potestas; es meint vielmehr die wirklich zuerkannte Geltung, nicht die beanspruchte. Das drückt sich darin aus, daß man aus einsichtigen Gründen eigentlich nicht sagen kann, wie man Autorität erwirbt. Wer, um Autorität zu erwerben, bewußte Maßnahmen, Äußerungen, Handlungen begeht, will im Grunde Macht und ist auf dem Wege zu autoritärer Machtausübung. Wer sich auf Autorität berufen muß, etwa der Vater in der Familie oder der Lehrer im Klassenraum, hat keine. Ich kann es an meinem eigenen philosophischen Lehrer, dem berühmten Repräsentanten der Marburger Neukantianischen Schule, Paul Natorp, illustrieren. Als jungem Lehrer gelang es ihm nicht, im Klassenraum Autorität zu erwerben. Er hatte eine dünne Stimme und war keine besonders stattliche äußere Erscheinung. Deswegen wurde er ein berühmter Philosoph – und als eines der führenden Mitglieder der Marburger Schule war er eine Autorität, etwa in der Zeit, in der Männer wie Nicolai Hartmann oder Ernst Cassirer, Männer wie Boris Pasternak, Władysław Tatarkiewicz, Ortega y Gasset oder T. S. Eliot zu Studien in Marburg waren.

Hier geht es vor allem um die Autorität des Arztes. Ich möchte daher von einer Tatsache ausgehen, die, wie mir scheint, für alles folgende grundlegend ist, und das ist, daß es nicht die Autorität der Institution, also sozusagen das berufsständische Ansehen des Arztes, ist, von dem aus wir an dieses Problem herankommen. Es scheint mir umgekehrt die Autoritätserwartung, ja das Autoritätsverlangen zu sein, das von seiten des Kranken dem Arzte entgegengebracht wird. Es ist fast wie eine Aufnötigung, die sich hier vollzieht.

Eine hübsche Erfahrung kann das illustrieren. In den Meinungsumfragen hat sich selbst in unserem Jahrhundert noch, auch nach der Mitte unseres Jahrhunderts, auch während und nach der Kulturrevolution, die im Zuge der neuen Welle industrieller Revolution über die Kulturwelt hinweggegangen ist, das Ansehen des Professors als sehr hoch erwiesen. Das war mir ebenso erstaunlich wie befriedigend, bis ich eines Tages von einem erfahrenen Soziologen lernte, daß bei diesen Meinungsumfragen und ihrem Ergebnis gar nicht unsereiner gemeint war, sondern der Arzt. Der Glaube an die Autorität des Arztes drückt sich in der Bevölkerung so aus, daß man in der Klinik nach dem Professor verlangt. Wir sollten daraus entnehmen, daß es nicht so sehr die Potestas, die Weisungsbefugnis oder eine Machtstellung als solche ist, die dieses Autoritätsverlangen begründet, sondern eine Erwartung ganz anderer Art, die Erwartung nämlich, daß ein überlegenes Wissen und auf das Wissen gegründetes Können dem Leidenden allein Hilfe versprechen.

Hier begegnen wir einer unverrückbaren Realität, die die Natur selbst geschaffen hat. Es gibt Überordnung und Unterordnung. Die Autorität des Vaters beruht darauf, daß das Kind zu ihm aufblickt wie zu einem Gott. Das wissen Sie besser als ich. Ich habe einmal eine ganz bezeichnende Geschichte erlebt, an der sich zeigt, wie diese kindliche Unterordnung, dieses Verlangen, Autorität anzuerkennen, sich etwa auch im Falle des Lehrers zeigt. Meine fünfjährige Tochter hörte bei einem Tischgespräch zu, bei dem der Marburger Gymnasialdirektor bei einer bestimmten Sache mit Überraschung sagte: »Das weiß ich gar nicht.« Daraufhin neigte sich meine kleine Tochter zu mir und flüsterte mir ins Ohr: »Komisch, daß das ein Lehrer nicht weiß.«

Es sind nicht nur Kindergeschichten oder das Zeugnis der Leidenden, was uns das Bedürfnis und Verlangen nach Autorität vor Augen führt: Erlauben Sie mir, noch eine Geschichte zu erzählen (Geschichten erzählen ist halt der Ausweg, den wir Philosophen wählen, wenn wir fürchten, durch allzu abstrakt-begriffliche Redeweise unsere Zuhörer zu langweilen). Als klassischer Philologe, der ich nach meinem philosophischen Doktorat wurde, habe ich einmal im Seminar meines klassisch-philologischen Lehrers, Paul Friedländer, folgende kleine Geschichte erlebt. Ich hatte einen bestimmten Sachbegriff, der bei Plato vorkam, mir auf meine Weise zurechtgelegt und äußerte meine Erklärung. Friedländer antwortete: »Nein, das ist nicht so, sondern es ist das und das.« Darauf sagte ich mit einer kleinen Erbitterung: »Woher wissen Sie so etwas?« Er antwortete lächelnd: »Wenn Sie so alt sein werden wie ich, werden Sie es auch wissen.« Er hatte vollkommen recht: Ich wußte solche Sachen inzwischen, als ich selber fünfzig war. – Ich hatte die Unvorsichtigkeit, oder sagen wir besser den Mut, diese Geschichte einmal in einem Vortrag zu erwähnen, um daran zu illustrieren, daß in den Geisteswissenschaften Autorität, die Autorität eines erworbenen Erbes von Wissen und Können, eine ganz besonders große Rolle spielt. Von einem törichten anderen wurde ich deswegen eines autoritären Stalinismus bezichtigt. Man sieht an dem von mir erlebten Beispiel in Wahrheit: Das eben ist in der menschlichen Grundverfassung begründet, daß wir auch im Falle einer vollendeten Aufklärung nicht alles, was wir für wahr halten müssen, auf stichhaltige Beweise und auf zwingende Deduktionen gründen können. Wir sind ständig genötigt, uns auf etwas – und zuletzt auf jemanden – zu verlassen, dem wir Vertrauen entgegenbringen. Unser ganzes kommunikatives Leben beruht darauf.

Dieser Zusammenhang spiegelt sich in dem wortgeschichtlichen Hintergrund, den der Begriff Autorität hat. Er stammt aus der lateinischen Sprache und aus der Geschichte der römischen Republik. Er beschreibt die Stellung und die Würde des römischen Senats. Es ist eine interessante Tatsache staatsrechtlicher Art, daß dieses Gremium der Senatoren von ungeheurer Führungsbedeutung für die römische Republik war, obwohl es keine Weisungsbefugnis, keine Potestas gegenüber den Amtsträgern der römischen Republik besaß. Höchstens hatte der Senat so etwas wie eine Richtlinienkompetenz, um einen modernen staatsrechtlichen Begriff hier zu verwenden: Die Handlungsvollmacht lag bei den Konsuln, nicht bei dem Senat. Aber er hatte die Autorität.

Worauf beruht also Autorität, wenn wir zunächst von diesem Ursprung des Begriffes her urteilen? Lediglich auf dem Gewicht des Rates, den der Senat gab. Lediglich also auf der Anerkennung überlegener Einsicht.

Das gilt, wie mir scheint, überall dort, wo Autorität wirklich ist, daß ihr die Überlegenheit des Wissens oder Könnens, die Überlegenheit der Einsicht zugebilligt wird. Es gilt, wie ich meine, in all den Fällen, in denen wir den positiven Sinn von Autorität antrafen, beim Kind dem Vater gegenüber, beim Schüler dem Lehrer gegenüber, beim Kranken dem Arzt gegenüber.

Nun ist kein Zweifel, daß in unserem Zeitalter der Wissenschaft gerade auch die Überlegenheit an Wissen, die durch die akkumulierte Institution der Wissenschaft vermittelt wird – eine große Frucht der modernen Aufklärung –, Autorität begründet. Zwar war es der Grundantrieb der Aufklärung, vom Autoritätsglauben zu befreien, weil jedermann, wenn er nur sich seines Verstandes richtig bedient, zur Erkenntnis zu gelangen vermag. Descartes hat sogar eines seiner berühmtesten Bücher mit dem paradoxen Satz eröffnet, er sei fest davon überzeugt, daß nichts in der Welt so gleichmäßig verteilt sei wie der Verstand. Er hat damit natürlich sagen wollen, daß es auf die Methode des Gebrauches des Verstandes allein ankomme, wenn man zu Erkenntnis gelangen wolle. Nun, Methode und Methodik ist in der Tat das Kennzeichen der Wissenschaft. Aber das hat einen menschlichen Hintergrund: die Selbstdisziplin, die Methode einhalten läßt und die den Neigungen, Voreingenommenheiten, Vorurteilen und unsachlichen Interessen gegenüber, die uns alle in Versuchung führen, für wahr zu halten, was uns paßt, ihre überlegene Geltung behauptet. Darauf beruht die wahre Autorität der Wissenschaft. Immerhin, auch Institutionen, mit denen Potestas verbunden ist, die aus solchem Grund Autorität haben, werden nicht immer einleuchten. So versteht man, daß sich als Gegenbegriff der Autorität gern der Begriff der kritischen Freiheit einstellt. In Wahrheit haben wir in der modernen Wissenschaft eine eindrucksvolle Verkörperung kritischer Freiheit zu bewundern. Aber wir sollten uns ihr gegenüber oder im Angesicht ihrer den menschlichen Anspruch bewußt machen, der an alle personalen Teilhaber dieser Autorität gestellt ist: die Forderung der Selbstdisziplin und Selbstkritik – eine sittliche Forderung.

Wenn Sie mir gestatten, mich auch einmal auf eine Autorität zu berufen, so ist es in diesem Falle die Autorität von Kant. Er, der die unbedingte Geltung des Sittengesetzes gegenüber dem Utilitarismus und Eudämonismus der Aufklärung seiner Moralphilosophie zugrunde legte, hat auch die menschliche Erscheinungsform dieser Unbedingtheit des Sittengesetzes beschrieben. Sie hat als ihre anschaulichste Formulierung: Du sollst niemals einen Menschen lediglich als Mittel gebrauchen, du hast in ihm immer auch den Selbstzweck anzuerkennen, der er ist. Das ist eine Zumutung, eine Zumutung an unsere Selbstliebe und deren drängende Gewalt, und das schließt ein, daß man aus Achtung vor dem anderen dieser Zumutung Herr wird. Was ist Achtung? Achtung ist ein sehr dialektischer Affekt. Sie anerkennt eine Überlegenheit oder mindestens eine Eigengeltung des andern – aber ungern! Sie ist mit Selbstdemütigung verknüpft. Wir gebrauchen die Wendung: Das nötigt mir Achtung ab. So reden wir, wenn jemand etwas in unseren Augen Positives gesagt oder getan hat, das wir ihm nicht zugetraut haben. Nun, Achtung vor dem anderen erkennt seine Freiheit an, und das verlangt von einem selbst echte Freiheit: sich selbst einzuschränken. Alles Bestehen von echter Freiheit schließt eine Einschränkung ein – und das kann sogar die Einschränkung der eigenen Autorität verlangen. Es geht eben um die Frage der Echtheit der Freiheit. Freiheit wird oft als ein Gegenwort zu »Autorität« gefordert. Aber wie Autorität falsch, angemaßt, als Potestas mißverstanden sein kann, so auch Freiheit, sofern in ihr wiederum ein Gegenwort heraufgerufen ist, nämlich dogmatische Freiheit. Dogmatische Freiheit, dürfen wir wohl sagen, ist Herrschsucht. Das ist falsche Selbstgewißheit. Freiheit im echten Sinne ist Fähigkeit zur Kritik, und Fähigkeit zur Kritik schließt ein und ist eine Grundbedingung dafür, daß man überlegene Autorität anerkennt – und daß einer als überlegene Autorität anerkannt wird. So besteht in Wahrheit gar

156

kein Gegensatz von Autorität und kritischer Freiheit, sondern eine tiefe, innere Verflechtung. Kritische Freiheit ist Freiheit zur Kritik, und die schwerste Kritik ist sicherlich die Selbstkritik. Auf ihr beruht die Auszeichnung des Menschen, seiner eigenen Grenzen gewahr werden zu können. Auf ihr beruht auch die echte Autorität. Der unmittelbarste Ausdruck von Selbstkritik ist das Fragenkönnen. Jedes Fragenkönnen gesteht Unwissenheit ein und, sofern es an einen anderen gerichtet ist, die Anerkennung seiner möglichen überlegenen Erkenntnis.

Es sind solche anthropologisch-moralische Grundtatsachen, die, wie ich meine, auch die Lage des Arztes und die Stellung bezeichnen, die er zwischen der Autorität hat, die er darstellt, und der kritischen Freiheit, die er sich erhalten muß. Er ist selbst der Versuchung ausgesetzt, Autorität spielen zu wollen, nicht nur wegen seiner echten Überlegenheit an wissenschaftlicher Erkenntnis und ärztlicher Erfahrung, sondern gerade auch von dem Verlangen des Patienten gedrängt. Psychiater und Psychoanalytiker kennen die Versuchung, dem Patienten nicht wirkliche Selbstbefreiung durch Einsicht zu vermitteln, sondern ihm die eigene Einsicht, die vermeintlich eigene Einsicht, zu suggerieren. Sie repräsentieren damit nur einen Sonderfall innerhalb der allgemeinen Situation des Menschen, der versucht ist, die Autorität, die er hat, zu mißbrauchen.

So möchte ich abschließend wenigstens eins, sozusagen Handfestes, sagen. Wer das institutionelle Gewicht seiner Überlegenheit ausspielt und das an die Stelle der Argumente setzt, ist immer in der Gefahr, autoritär und nicht autoritativ zu sprechen. Die größte Bewährung für den echten Gebrauch der eigenen Autorität scheint mir daher die kritische Freiheit, auch einmal Unrecht haben zu können und das anzuerkennen. Ich möchte mit der Überzeugung schließen, daß diese kritische Freiheit zu sich selbst einer der stärksten Faktoren ist, aus denen sich echte Autorität aufbaut und durch die Mißbrauch von Autorität kontrollierbar bleibt.

Als Thema habe ich zwei Begriffe gewählt, die den Erfahrungsbereich ärztlicher Kunst charakterisieren, die Begriffe »Behandlung« und »Gespräch«. Ich folge damit der Überzeugung, daß wir unsere Begrifflichkeit nie ganz von der Erfahrung trennen sollten, die in Worten ihren Niederschlag gefunden hat und die in natürlichen Worten nachklingt. Darin sehe ich die Bedeutung der Griechen für die späteren Kulturphasen des Abendlandes, daß ihre Worte und ihre Begriffe sozusagen unvermittelt aus dem Sprechen emporwachsen. Wir haben erst in jüngerer Zeit gelernt, und vor allem durch Heidegger, was die lateinische Umprägung der philosophischen Begriffssprache der Griechen bedeutet hat und was es weiterhin bedeutet hat, daß erst Meister Eckhart und Luther der deutschen Sprache einen neuen Raum in unserem Denken und in unserer Begriffsbildung geöffnet haben.

So möchte ich auch mit den Wörtern beginnen. Das Wort Behandlung: Was liegt nicht schon in diesem Wort? Der Arzt weiß das sofort. Alle Behandlung fängt ja mit der tastenden und die Gewebe prüfenden Hand an, der palpa. – Ich mußte mich erst durch einen Arzt daran erinnern lassen! Im Wortgebrauch des Patienten herrscht die übertragene Bedeutung von Behandlung vor. So etwa, wenn man sagt, daß man als Patient bei jemandem in Behandlung ist. Ähnlich ist es im gleichen Zusammenhang mit dem Vorkommen des griechischen Ausdrucks »Praxis«. Die Praxis ist für die Leute ein Lebensraum, und man hört in diesem Wort gar nichts mehr von Anwendung von Wissen. Der weiße Kittel des Arztes symbolisiert bis heute als Berufskleidung den

Arzt in seiner Praxis. Nun sollen uns diese beiden Worte, Behandlung und Gespräch, Richtungsweisungen sein, und zwar durch ihren Bezug aufeinander. Da fällt uns nun bei diesem Titel, der diesen Bezug ausspricht, auf, daß das Entscheidende zu fehlen scheint, nämlich die Diagnose, und damit der Beitrag der Wissenschaft, die Befunde feststellt und deutet und auf Grund deren der Arzt eine Behandlung entwickelt. Dazu gehört auch, wie der Titel »Sprechstunde« anmahnt, das Gespräch, das zwischen Arzt und Patient wie die erste auch die letzte Gemeinsamkeit darstellt und das ihren Abstand voneinander aufzuheben vermag.

Bei meiner Themenwahl hatte ich zugleich im Auge, über die Verborgenheit der Gesundheit nachzudenken, und ich denke, das fügt sich gut zusammen. Behandlung sagt zunächst einmal, daß es sich hier nicht um ein Machen handelt, nicht um Herstellen, auch wenn wir im Bezug auf den Patienten von seiner Wiederherstellung sprechen. Aber ein vernünftiger Arzt oder Patient wird da stets der Natur danken, daß einer wiederhergestellt ist. Denken wir an den sonstigen Sprachgebrauch. Man sagt etwa: man wird behandelt, man behandelt jemanden gut oder schlecht. Immer liegt darin eine eigentümliche Anerkennung von Distanz und Andersheit. Wir sagen, wir behandeln jemanden mit Vorsicht, man müsse vorsichtig mit ihm umgehen. In diesem Sinne ist wohl jeder Patient ein solcher Fall, mit dem man immer mit Vorsicht umgehen muß. Das liegt in seiner Bedürftigkeit und zugleich in seiner extremen Wehrlosigkeit. Zu dem Bestand solchen Abstandes gehört die Aufgabe, daß Arzt und Patient einen gemeinsamen Boden gewinnen, auf dem sie sich verstehen, und es ist das Gespräch, das allein solches zu leisten vermag.

Nun ist freilich der Zugang zum Gespräch zwischen Arzt

und Patient in der modernen Welt nicht etwa leicht. Der Hausarzt, der ehedem fast zur Familie gehörte, existiert nicht mehr, und die sogenannte Sprechstunde ist dem Gespräch nicht günstig. Der Arzt ist da nicht frei. Das heißt, er ist in seiner Praxis immer bereits von einem verantwortlichen Gespräch mit einem anderen Patienten und von seiner Behandlung in Anspruch genommen – und der Patient ist vom beklommenen Warten, wenn nicht gar von der Beklommenheit des ganzen Wartezimmers in Anspruch genommen. So ist Nähe zwischen Patient und Arzt sehr fragwürdig geworden. Vollends, wenn man heute in eine moderne Klinik kommt. Da ist das erste eine richtige Verblüffung, wenn man etwa gleich zu Beginn seinen ehrlichen Namen verliert und eine Nummer bekommt. Damit wird man dann in der modernen Klinik aufgerufen, zum Beispiel Nummer 57. Das sind vielleicht Notwendigkeiten des modernen Gesundheitswesen, die ich hier keineswegs kritisieren will. Das steht mir gar nicht zu. Aber all das macht uns bewußt, was für eine schwierige Aufgabe beiden Seiten gestellt ist, dem Arzt und dem Patienten, wenn ihnen ein Gespräch gelingen soll, das die Behandlung eröffnet und die Heilung begleitet.

Bei dem Thema Gespräch fühle ich mich einigermaßen kompetent. Dazu habe ich in meinen philosophischen Beiträgen beizusteuern versucht, indem ich betonte, daß Sprache überhaupt nur ist, was sie ist, wo sie Gespräch ist, wo Frage und Antwort, Antwort und Frage einander tauschen. Im Wort »Gespräch« liegt bereits, daß man zu jemandem spricht, der einem antwortet. Beides ist untrennbar. Prinz Auersperg würde das eine koinzidentielle Korrespondenz nennen, die offenbar im Wesen der Sprache gelegen ist. Sprache ist nur im Gespräch das ganz, was sie sein kann.

Alle Formen des Gebrauchs von Sprache sind Modifikationen von Gespräch oder leichte Gewichtsverlagerungen im Spiel von Frage und Antwort. Da gibt es die Einladung zum Gespräch und das Ins-Gespräch-Geraten, so daß es fast so aussieht, als ob das Gespräch hier der Aktive, der Täter wäre, der beide Seiten in sich verwickelt. Auf alle Fälle ist im Bereich der Medizin das Gespräch keine bloße Einleitung und Vorbereitung der Behandlung. Es ist bereits Behandlung und geht in die weitere Behandlung ein, die zur Heilung führen soll. Dies Ganze drückt sich auch in dem technischen Ausdruck »Therapie« aus, der aus dem Griechischen stammt. Therapeia meint Dienst. In diesem Wort liegt durchaus nicht, daß die Ärzte ihr Handwerk beherrschen, wenn sie jemanden behandeln. Es ist vielmehr Unterordnung und Abstand zwischen Arzt und Patient gemeint. Er »hat uns nichts zu sagen«, sondern ist der, von dem wir einen hilfreichen Dienst erwarten, und der Arzt selber erwartet von sich, daß er das leistet, und von dem Patienten, daß auch er dazu beiträgt.

Nun ist die ärztliche Kunst in unserer modernen Welt, die eine Welt der Wissenschaft ist, eine besonders nachdenkliche Sache geworden. Sie war es auch schon für die Griechen. Sie hatte sich gegen all das Heilwissen zu wehren, was im Volke in Geltung war. Die Wissenschaft, insbesondere die moderne Wissenschaft mit ihren Sonderstrukturen, kann sich nicht darüber täuschen, daß ihr von vornherein Grenzen gesetzt sind. Das Ziel der Arztkunst dagegen ist das Heilen, und das Heilen ist nicht die Vollmacht des Arztes, sondern die der Natur. Der Arzt weiß sich nur zur Mithilfe bei der Natur befugt. Je kunstvoller und technischer unsere Behandlungsmittel auch werden mögen, es bleibt bei dem alten Ausdruck ärztlicher Weisheit »Eingriff bleibt

Eingriff«, und das geht weit über die Chrirugie hinaus. So bleibt es wichtig, uns immer bewußt zu sein, daß unsere gesamte Zivilisation und ihre Grundlage, die Wissenschaft mit ihrem technischen Vermögen, immer dazu verleitet, zu glauben, man könne alles machen, so wie etwa der Chirurg sagt: »Das machen wir weg«.

Besinnen wir uns auf das Grundsätzliche und fragen uns, was der Anteil der Wissenschaft an der ärztlichen Kunst ist. Warum es sich nur um einen Anteil handeln kann, ist unbestritten und dürfte jedermann klar sein. Man denke nur daran, wie paradox es schon anfängt. Da wird der Patient gefragt, was ihm fehlt, oder auch, wo fehlt es denn? Etwas Fehlendes soll also festgestellt werden. Der ganze große Apparat der medizinischen Diagnostik von heute besteht darin, etwas Fehlendes finden zu wollen. Ich beschreibe damit, was die Sprache vorgibt und was die tatsächlichen Erfahrungen sind, die wir alle, die Ärzte wie die Patienten, als Menschen machen. Die Heilkunst war übrigens immer in gewissem Sinne der Verteidigung bedürftig, weil sie kein sichtbares Herstellen zuläßt. Ich habe einmal einen antiken sophistischen Traktat für diese Frage herangezogen und gezeigt, wie sehr sich gerade die antike Welt dessen bewußt war, daß der Arzt nicht einfach ein Produkt herstellt, wenn ihm die Heilung gelingt. Die Gesundheit hängt vielmehr von vielen Faktoren ab, und am Ende steht nicht nur die Gesundheit, sondern die Wiedereinführung des Patienten an seinen früheren Platz im täglichen Leben. Das ist erst die volle »Wiederherstellung«, die gewiß die Möglichkeiten und Zuständigkeiten des Arztes oft überschreitet. Wir kennen es ja auch von dem, was wir heute Hospitalismus nennen, daß die Wiedereinfügung ins Leben selbst bei Gesundeten schwierig sein kann.

Gewiß, die Diagnose ist eine Sache der Wissenschaft. Immerhin ist es doch paradox genug, daß der Arzt sich durchaus auch so verhalten kann, daß er fragt, fühlen Sie sich krank? Schon allein dieses Sich-krank-Fühlen und die Tatsache, daß man so fragt, zeugen davon, daß es sich, wenn einem etwas fehlt, um eine verborgene Störung handelt. Es handelt sich also um etwas, von dem man noch gar nicht weiß, was man zum Gegenstand der Untersuchung machen soll und das auch gar nicht wissen kann. Nun wird mir der moderne Mediziner freilich sagen: Doch, wir können das. Wir tun das doch, wenn wir den ganzen Funktionszusammenhang des Lebens im Organismus, und vielleicht sogar auch noch im Seelenbereich des Patienten, prüfen und ihn durch Messungen festzustellen glauben. Wir verschaffen uns alle Meßresultate und alle Daten und vergleichen sie mit den Standardwerten. Der erfahrene Arzt mag wissen, daß das nur Richtlinien sind, die einer ersten Überschau über die Befunde dienen. Immer ist Mißtrauen und eine überlegte Prüfung erforderlich, die sich ein Gesamtbild von dem Zustand des Patienten macht.

Ist das nicht merkwürdig, daß die Gesundheit sich so eigentümlich verbirgt? Wahrscheinlich muß man sagen, daß wir als Gesunde ständig von einer tieferen Schicht unseres Unbewußten getragen sind, von einer Art von Wohlgefühl. Aber selbst das scheint wie verborgen. Ist »Wohlsein« wirklich etwas oder am Ende gar nichts anderes, als daß einem nichts mehr weh tut und daß Schmerz und Unbehagen gewichen sind? Kann man sich einen Zustand ständigen Behagens überhaupt vorstellen? Ich muß gestehen, daß mir die Beschreibung des göttlichen Wesens, die Aristoteles gibt, daß es immerfort und ununterbrochen sich selbst präsent ist und sich in seiner Präsenz und in der Präsenz von allem, die ihm im Schauen gewährt ist, genießt, immer sehr merkwürdig erscheint. Dieser Gott kann zum Beispiel nicht wissen, was Erwachen ist. Dieser Augenblick, in dem das »Da« aufgeht und es hell wird, und all das, was mit dem Morgen verknüpft ist. Erwartung, Sorge, Hoffnung, Zukunft, all dies liegt im Erwachen, und dem entspricht das Geheimnis des Schlafens und des Einschlafens, eine besonders geheimnisvolle Verborgenheit, die an die des Todes rührt. Denn niemand kann auch nur sein Einschlafen »erleben«. Und vollends, was liegt in diesem Gefüge von Schlaf und Tod, von Versinken in den Schlaf und im Aufwachen? Ich denke oft an manches Wort, das Heraklit über die Nähe von Schlaf und Tod gesagt hat – und an jenes andere Wort, das lautet: Die nicht offen zutage liegende Harmonie ist stärker als die offenliegende. Die Gesundheit ist ein solches Wunder einer starken, aber verborgenen Harmonie. Wenn wir gesund sind, sind wir eigentlich an das weggegeben, was jeweils für uns da ist, und jeder weiß, wie leicht jedes Mißbehagen, und vor allem natürlich Schmerz, diesen gehobenen Zustand von Wachheit stört.

Ich habe an den Arbeiten der Prinzen Auersperg, dessen Andenken wir ehren, verstehen gelernt, was für eine eigentümliche Daseinsform der Schmerz hat. Da lernt man, wie der Schmerz das ganze Ich ist und einnimmt. Ebenso begreifen wir von da aus die eigentümliche Selbstverbergung, die zum Schmerz gehört, so daß einem oft schwierig wird zu sagen, wo es weht tut. Es ist gar nicht so leicht, dem Zahnarzt zu zeigen, welcher Zahn es ist, der weh tut oder Verdacht erregt. Am Ende folgt daraus für die kunstgerechte Anwendung der ärztlichen Wissenschaft, daß mehr gefordert ist, als den Organismus mit allen seinen Vorgängen durchzumessen oder, wie man heute sagt, »zu checken«.

Als alter Platoniker möchte ich hier einen platonischen Denkzusammenhang aus dem »Phaidros« in Erinnerung rufen: »Sokrates sagt: Wir halten es mit der Redekunst wie mit der Heilkunst. Phaidros: Wieso? Sokrates: In beidem muß man die Natur auseinanderlegen, die des Leibes in der einen, die der Seele in der anderen, wenn du nicht nur hergebrachter Weise und auf Grund bloßer Routine, sondern nach der Kunst jenem durch Anwendung von Arznei und Nahrung Gesundheit und Stärke zu verschaffen und dieser durch Zuspruch und geordnete Sitten, welche Überzeugung du willst und Tugend mitzuteilen begehrst. Phaidros: Allem Ansehen nach, o Sokrates, ist es so. Sokrates: Und glaubst du die Natur der Seele, ohne das Ganze der Natur richtig begreifen zu können? Phaidros: Wenn man dem Asklepiaden Hippokrates glauben soll, auch nicht einmal die des Körpers ohne ein solches Verfahren.« – In der Tat sind die Schriften der antiken Medizin in weitem Umfang von der Schilderung der Umweltbedingungen erfüllt, unter denen der Kranke steht. Inzwischen lernen auch wir mehr und mehr, daß Gesundheit ein Zusammenstimmen mit der gesellschaftlichen Umwelt wie mit der natürlichen Umwelt verlangt. Das erst erlaubt einem, in den natürlichen Rhythmus des Lebens einzuschwingen. So ist es etwa mit dem Rhythmus der Atemzüge oder mit dem Haushalt von Wachen und Schlafen. Reicht dafür die Meßkunst unserer Wissenschaft aus?

Wieder möchte ich einen platonischen Dialog zitieren, den Dialog »vom Politiker«. Dort werden zweierlei Begriffe von Maß und Messen eingeführt. Und in der Tat, wenn wir uns an den Anfang der modernen Wissenschaft erinnern und den Beginn der Neuzeit ins Auge fassen, dann finden wir einen enormen Wandel der Meßgesinnung, der schon in der Frühe der Neuzeit beginnt. Schon beim Cusaner gibt es das, daß er ganze Meßprogramme vorschlägt. Freilich will er auf diese Weise genauere Bestätigungen für alte Wahrheiten finden.

Inzwischen ist es aber so, daß die moderne Wissenschaft alle diese Meßresultate als die eigentlichen Tatsachen ansieht und sammelt. Nun gehorchen diese Messungen einem an die Phänomene herangetragenen Maßstab, der durch Konvention festgelegt ist. Er wird von uns an das angelegt, was gemessen wird. Wir sind gewohnt, damit ständig umzugehen. Auch der Arzt tut das, wenn er einen Patienten vor sich hat, aber kaum tut er es für sich selber. Als ich einen ärztlichen Freund, der erkrankt war, fragte, was das Fieberthermometer sage, machte er nur eine wegwerfende Handbewegung. Für sich selbst benutzte er das Fieberthermometer gar nicht. Das war ihm nicht interessant. In der Tat gibt es einen anderen Begriff von Maß, als was in den Bereich des so Meßbaren fällt, und das steht in dem platonischen Dialog vom Politiker. Dort ist davon die Rede, es gebe ein Maß, mit dem man nicht an etwas herantritt, sondern das etwas in sich selbst hat. Wenn wir es im Deutschen sprachlich nachbilden, könnten wir sagen: Es gibt nicht nur das durch ein angelegtes Maß Gemessene, sondern auch das Angemessene. Das Angemessene ist nichts, was sich nachmessen läßt. Natürlich kann man die Temperatur messen, aber das heißt ja, die gemessene Temperatur nach Standardnormen werten, und das ist eine grobe Normierung. Die medikamentöse Herbeiführung der Normalwerte kann einem daher auch schlecht bekommen. Das Angemessene hat seinen wahren Bedeutungssinn gerade darin, daß es etwas meint, das man nicht definieren kann. Das ganze System der natürlichen Ausgleichsprozesse des Organismus und der eigenen sozialen Umwelt des Menschen hat etwas von Angemessen-heit. Nun gilt der Vorrang des Messens nicht nur für die medizinische Wissenschaft. Der universale Begriff von Methode, mit dem wir den neuzeitlichen Begriff von Wissenschaft verbinden, wirkt sich als konstruktive Denkweise darin aus. So kann man geradezu sagen, daß die Methode den Gegenstand des Wissens überhaupt erst konstituiert. Was sich nicht einer Methode und damit einer Kontrolle aufschließt und als der Prüfung zugänglich erweist, liegt in Grauzonen, in denen man sich nicht mit wissenschaftlicher Verantwortlichkeit bewegen kann.

Die herangezogene Unterscheidung von Metron und Metrion, von Maß und Gemessenem einerseits und dem Angemessenen andererseits bildet ab, in welcher Abstraktion sich die Vergegenständlichung durch die Meßmethoden der modernen Wissenschaft bewegt. Max Planck hat gesagt, Tatsache sei das, was man messen kann. Dieser Begriff von Maß und Methode hängt offenkundig mit der Vorzugsstellung des Selbstbewußtseins im modernen Denken zusammen. Hier möchte ich nun Aristoteles besser gerecht werden und daran erinnern, daß er, wenn er den Gott als den beschrieben hat, der sich selbst ständig gegenwärtig ist, doch sofort hinzufügt, daß für uns solches Sich-Gegenwärtigsein immer nur ›en parergo‹, ›mitdabei‹ ist. Wir sind unserer selbst nur bewußt, wenn wir an etwas ganz weggegeben sind, das für uns da ist. Nur wenn wir da ganz dabei sind, kommen wir auf uns selbst zurück und sind unserer bewußt. Das Ideal einer vollkommenen Selbst-Gegenwart und Selbstdurchsichtigkeit, das etwa dem Begriff des Nous oder des Geistes und dem neueren Begriff der Subjektivität entspräche, ist im Grunde ein paradoxes Ideal. Es ist das Weggegebensein an etwas, es sehend, meinend, denkend, vorausgesetzt, um so auf sich selbst zurückkommen zu können.

Solches Zurückkommen hat mich im besonderen auch im Zusammenhang mit der Sprache der Dichtung interessiert. Zu ihrer Erfahrung gehört ja, daß sie sich gleichsam auf das Leibhaftige und das Lauthaftige der Sprache zurückbiegt. Doch das gehört nicht hierher. – Wenn ich meine Überlegung wieder aufnehme, dann wende ich mich den notwendigen Grenzen jeder objektivierenden Erfahrung zu. Dabei hilft uns die Sprache, die uns im Deutschen die schöne Doppelung der Ausdrücke ›Körper‹ und ›Leib‹ anbietet. Wenn wir das Wort Leib gebrauchen, dann haben wir mit einem nie ganz erloschenen Sprachgefühl eine unmittelbare Assoziation an ›life‹, an Leben. »Leib und Leben« ist etwas anderes als das, was man messen kann. Dagegen entzieht sich »Körper«, in dem weiteren Bedeutungsumfang des Wortes, dem durchaus nicht, was man durch Objektivierung feststellen und messen kann.

Das Unmeßbare angemessen zu nennen ist selber, wie mir scheint, kein sehr adäquater Ausdruck. Denn »unmeßbar« negiert doch nur die Verwissenschaftlichung der Interpretation der Phänomene und gesteht als Wort die eigene Grenze ein. »Angemessen« dagegen verweist auf eine selbständige Richtigkeit, die sich nicht erst durch die Negation von etwas anderem definiert. Es ist ähnlich wie bei der Anti-Logik der Wahrnehmung, der Viktor von Weizsäcker nachgegangen ist. Das ist eine Sache, aus der ich viel gelernt habe. Auch da muß man sich von einem abstrakten Konstruktionsideal befreien, wenn man die Erfahrung angemessen verstehen will.

Das gleiche gilt im Grunde, wie ich im Kreise von Fachleuten kaum zu erinnern wage, von dem Begriff des Unbewußten und des Unterbewußten. Das sind antilogische Begriffe, d. h. Begriffe, die von einem Gegensatz her denken, den sie nicht mehr anders zu beschreiben wissen als durch solche Negation. Diese Überlegungen, bei denen wir hier stehen, beziehen sich im Grunde auf die gesamte Weltsituation – und auf die Aufgabe unserer Zivilisation, uns auf die Angemessenheit zurückzuführen, in der sich der natürliche Ablauf des physischen und des organischen Lebens, aber ebenso auch die geistige Gesundheit balanciert. Was wir zum Gegenstand machen und objektivieren können, das ist bereits aus dem Ausgleichsgeschehen herausgetreten, das der Natur und dem Natürlichen eigen ist und zu dem eben so etwas wie Angemessenheit gehört, eine unsichtbare Harmonie, die nach Heraklit als die stärkere alles durchwaltet.

Es ist in diesem weiteren Zusammenhang, daß die Erfahrung des Schmerzes interessiert, und jenes berühmte Wort Goethes, daß er keines Tages seines Lebens sich erinnern könnte, an dem er nicht Schmerz empfunden hätte. Das ist natürlich die Aussage eines Menschen von besonderer Schärfe der Selbstbeobachtung und von erhöhter Empfindlichkeit. Aber das so sagen zu können beweist zugleich eine sichere Führung, mit der er sich selbst zur Überwindung des Schmerzes und zum Wohlgefühl zurückleitet. Man kennt ja die erstaunliche Geschichte von der schweren Krankheit, die Goethe in seinem einundachtzigsten Lebensjahr durchlebte, als ihn die Ärzte in Wahrheit aufgegeben hatten. Da verlangte er plötzlich Wasser. Nur weil er doch nicht mehr zu retten schien, ließen ihm die Ärzte das Wasser geben – und daraufhin setzte der Gesundungsprozeß ein. Wahrscheinlich wird man heute genau erklären können, was solcher Wasserstoß bewirkt hat. Ich will ja überhaupt nicht bestreiten, daß die heutige Forschung auch mit den Methoden des wissenschaftlichen Messens und bei vernünftiger Anwendung derselben sehr viel weiß und viel mehr, als wir Laien wissen.

Aber damit komme ich zu einem Punkt, der mich, je älter ich werde, desto mehr beschäftigt. Ich habe es, glaube ich, auch bei der Gedenkfeier für Viktor von Weizsäcker gesagt: Ich meine dies, daß die psychosomatischen Einsichten mehr noch als für den Arzt für den Patienten beherzigenswert sind. Das müssen die Menschen wieder lernen, daß alle gesundheitlichen Störungen, Wehwehchen und selbst alle Infektionen in Wahrheit Winke sind, das Angemessene, die Balance des Gleichgewichts, wiederzugewinnen. Am Ende gehört beides zusammen, Störung und ihre Überwindung. Das macht das Wesen des Lebens aus. Von hier aus erhält der Begriff der Behandlung seine kritische innere Begrenzung. Der behandelnde Arzt weiß das recht gut. Er muß sich immer wieder zurücknehmen, um mit vorsichtiger Hand den Patienten zu leiten und seine Natur wieder zu sich selbst zurückkehren zu lassen.

Hier zeigt sich die Bedeutung des Gespräches und der Gemeinsamkeit, die es zwischen Arzt und Patient schafft. Das ist ja gerade nicht jenes geheimnisvolle Latein, das ihre Beobachtung austauschende Ärzte bei der Behandlung gelegentlich einander zuraunen, auch wenn es nicht gleich das Wort »Exitus« ist. Ich verstehe die Gründe. Man will den wehrlosen Patienten nicht beunruhigen, andererseits auf Beratung durch andere Ärzte nicht verzichten. Es bedarf aber einer vorsichtigen Hand, damit die Behandlung in dem Patienten nicht alles auf den Kopf stellt, sondern ihn wieder auf seine eigenen Füße stellt. Das Gespräch, das zwischen dem Arzt und dem Patienten zu führen ist, hat also nicht etwa nur die Bedeutung der Anamnese. Das ist eine modifizierte Form, die auch dazu gehört, vor allem, weil der Patient sich selber erinnern will und von sich aus erzählen will. Dann gelingt oft, was der Arzt eigentlich als Arzt sucht, nämlich daß der Patient vergißt, daß er Patient und in Behandlung ist. Wenn einer so ins Gespräch gekommen ist, wie wir uns auch sonst miteinander im Gespräch verständigen, dann regen wir wieder den beständigen Ausgleich von Schmerz und Wohlbefinden an und die sich immer wiederholende Erfahrung der Wiederfindung der Balance. So ist es das Gespräch, das in der Spannungssituation zwischen Patient und Arzt hilfreich werden kann. Doch gelingt dieses Gespräch eigentlich erst, wenn es fast genau so ist wie das, was wir auch sonst im Zusammenleben kennen, nämlich daß man in ein Gespräch gerät, das eigentlich keiner führt, sondern das uns alle führt. Auch für diese Art des Gesprächs des Arztes mit dem Patienten bleibt das am Ende richtig. In dem sokratischen Dialog, den Plato dichtet, scheint die Führung des Gesprächs von Sokrates auszugehen. (Der Partner wird ja kaum sichtbar.) Aber auch dort ist es so, damit durch solches Gespräch der andere zum eigenen Sehen geführt werden soll. Die Aporie, in die er da versetzt wird, ist so, daß er keine Antwort mehr weiß. Aber auch die Aufzählung der definierenden Elemente hat nicht den Charakter einer Belehrung oder eines Beherrschungsversuches, als ob man nun alles genau wisse. Das Gespräch versetzt den anderen nur in die Möglichkeit, ohne sich neu zu verwirren, seine eigene innere Aktivität zu wecken, die der Arzt das »Mitmachen« nennt.

Diesen Bezug auf das eigene Sehen haben wir gerade auch in der phänomenologischen Schule, die durch Husserl begründet worden ist, ein wenig gelernt. Ich empfinde es als eine fragwürdige Entwicklung, wenn nun technologische Denkformen in das Sprachgebaren eindringen und daß man Sprache als Regelbefolgung verstehen will. Unleugbar, daß man vieles im Sprachleben so beschreiben kann, und man sollte es nicht verkennen, was die unbewußte Regelbefolgung dessen, der sprachliche Kompetenz besitzt, an Möglichkeiten öffnet, sich auszudrücken. Aber das eigentliche Wunder der Sprache ist doch wohl, wenn einem – vielleicht gegen alle Vorschriften – gelingt, das rechte Wort zu finden oder von dem anderen das gute Wort aufzunehmen. Das ist dann »das Richtige«. So möchte ich auch im Hintergrund unseres eigenen Gespräches das am Werke sehen, daß wir die theoretische Selbstdisziplin, die zur Wissenschaft befähigt, in die Kräfte zurückintegrieren, die wir »praktische Vernunft« nennen. So heißt es seit dem 18. Jahrhundert, was die Griechen mit dem Wort »praktike« bedacht haben und mit »phronesis«, jener situationsangemessenen Wachheit, in der sich Diagnose und Behandlung und Gespräch und das »Mitmachen« des Patienten zusammenschließen. Was da zwischen Arzt und Patient spielt, das ist die Wachsamkeit, die Aufgabe und Möglichkeit des Menschen ist, die Fähigkeit, die Situation des Augenblicks und den einem im Augenblick begegnenden Menschen richtig aufzunehmen und ihm zu entsprechen. Zugleich versteht man von hier aus, was das Heilgespräch ist. Es ist kein solches Gespräch, da es erst durch Gespräch auf das eigentliche Ziel hinzielt, in dem Patienten den Kommunikationsfluß des Erfahrungslebens und die Kontakte mit den anderen wieder in Gang zu setzen, von denen der Psychotiker so unheilvoll ausgeschlossen ist.

Das Geheimnis der Gesundheit bleibt verborgen. Zur Bewahrung der Gesundheit gehört die Verborgenheit, die im

Vergessen besteht. Es ist eine der großen Heilkräfte des Lebens, daß wir jeden Abend dem Heilschlaf des Vergessens verfallen. Nicht vergessen zu können ist ein schweres Leiden. Es ist überhaupt kein Können. Ich darf einen kleinen Scherz erzählen. Es geht um einen Alchimisten. Die Sache soll in Dresden gespielt haben, wo ja das Porzellan erfunden wurde, als die Goldmacherkunst gesucht wurde.

Da wird am Hofe jemand teuer bezahlt. Nach vielen, vielen Monaten verliert der Spender, der Souverän, die Geduld und verlangt, man müsse jetzt endlich etwas sehen. Da sagt der Alchimist, es sei auch gerade alles für das Experiment fertig. So wird der Hof versammelt, das Experiment soll vorgeführt werden. Aber bevor es beginnt, sagt der Alchimist: »Nur eine Bedingung muß ich an alle Anwesenden stellen. Während des Experiments darf niemand an einen Elefanten denken...« Man lernt, wenn man es nicht schon weiß, was es heißt, an etwas nicht denken zu sollen. Der Scherz ist sinnreich. Gold machen können, das steht natürlich dahinter, ist unmöglich. Vergessen wie eine Kunst zu ›können‹, die man sozusagen beherrscht, ist nicht minder unmöglich. Die Grenzen dessen, was sich beherrschen läßt, sind nicht das Ganze dessen, wovon unser Leben und Gedeihen abhängt. Das gilt für den einzelnen, das gilt für die Gesellschaft, das gilt für die Völkergesellschaften in ihrem Zusammenleben, das gilt von unserem Zusammenleben mit der Natur. Wir sind gleichsam alle ständig auf einer Spur. Es gibt Grenzen des Wissens, es gibt Grenzen des Könnens. Wissen, und nicht nur das Können der Wissenschaft, ist Macht und gibt Möglichkeiten des Beherrschens. So muß sich der Mensch auch gegen die Natur durchsetzen. Das ist die einmalige Situation des Menschen, daß er sich durch sein eigenes bewußtes Wählen durchsetzen muß. Wir Menschen sind durch die Mechanismen unserer Instinkte und Reaktionen nicht voll in unseren Lebensraum eingepaßt. Gerade das ist unsere Natur, daß wir uns auch gegen die Natur durchsetzen müssen, soweit wir können. Aber erst recht ist es in der Natur des Menschen, sich – in allem Wissen und Können – in Übereinstimmung mit der Natur zu halten. Das ist alte stoische Weisheit. Gilt sie nur für den Philosophen? Ich denke, nein. Ich fühle mich niemals wohl, wenn jemand dem Denkenden die Anmaßung zuschiebt, daß er wisse, was sonst keiner weiß oder kennt oder gar etwas, das erst werden sollte. Ich glaube, philosophisches Denken besteht nur darin, daß man das um eine Stufe bewußter macht, was alle wissen. Darin liegt aber auch, daß sie nicht alles wissen und daß wir so etwas weniger durch den Mißbrauch vermeintlichen Wissens und Könnens gefährdet sind.

Für jeden, der Psychologie treibt, bleibt es sinnvoll, sich mit Philosophie und vor allem mit den ältesten Anfängen des griechischen Denkens zu beschäftigen. Das möchte ich in dieser Vorlesung zeigen. Das gewählte Thema »Leben und Seele« ist freilich ein gewaltiges Problem, auf das man nur mit Sokrates antworten kann: »ou smikron ti« – »das ist keine Kleinigkeit«. Man wird bemerken, daß das Thema nicht fortfährt mit ›Bewußtsein, Selbstbewußtsein und Geist‹. Von einem gewissen Vorverständnis aus könnte man ja das so zusammenfassen, was das Fach der Psychologie mit Philosophie zu tun hat. In diesem Sinne gibt es freilich keine philosophische Disziplin mehr, die Psychologie heißt. Das ist mit der berühmten Kritik Kants an der ›psychologia rationalis‹ und insbesondere mit Mendelssohns in sich großartiger Neubearbeitung des platonischen ›Phaidon‹ zu Ende gegangen. Daß man aus bloßen Begriffen die Unsterblichkeit der Seele beweisen kann, wie Mendelssohn mit einer riskanten Umdeutung des platonischen Phaidon nochmals versucht hat, steht nicht mehr zur Diskussion. Selbst der deutsche Idealismus hat im Grunde einen anderen Aspekt versucht, als er nicht nur die Psychologie, sondern überhaupt alle Wissenschaften in die Philosophie zurückzuintegrieren unternahm. Dieses Unternehmen Schellings und Hegels war in gewissem Sinne vermessen, und so setzte ein Rückschlag von seiten der Erfahrungswissenschaften ein, der schließlich im 19. Jahrhundert Philosophie überhaupt nur noch in Gestalt der Psychologie übrigzulassen drohte.
Ich komme aus Marburg. Es war eines der großen Ereignisse im akademischen Leben Deutschlands, als der Leiter

der Marburger Schule des Neukantianismus, Hermann Cohen, zurücktrat und mit Erich Jaensch als Nachfolger ein
experimenteller Psychologe berufen wurde. Das wurde allgemein als Sensation empfunden, und es wurde in Wahrheit
ein wichtiges Datum. Denn nun wurden sich die Psychologen und die Philosophen darüber einig, daß ein solcher Abbau der Philosophie nicht fortgesetzt werden dürfe. Vielmehr müsse man eigene Lehrstühle für die Psychologie
schaffen. Aber wie in der Philosophie, und ebenso in der
experimentellen Psychologie, zeigte die empirische Erbmasse des deutschen Idealismus ihre tiefen Spuren, indem
das Thema des Bewußtseins und das des Selbstbewußtseins
bestimmend blieb. In Wahrheit bestand dagegen die ganze
Geschichte des Geistes im 19. Jahrhundert darin, daß mit
Schopenhauer, Nietzsche, Freud und allen, die in diese
Richtung gegangen sind, die Grenzen des Bewußtseins ausdrücklich überschritten wurden. Nicht nur im Phänomen
des Traums, sondern mit Hilfe des Traums wurde die ganze
nächtliche Welt, die wir die Welt des Unbewußten nennen,
zum neuen Thema. Der Ausdruck »Unbewußtes« ist wie
ein letztes Zeugnis dafür, wie stark die Dominanz des Bewußtseinsgedankens das Denken beherrschte. Insofern ist
es schon fast ein Bekenntnis, wenn mein Thema lautet »Leben und Seele«. Jeder Kenner der Antike weiß, daß diese
beiden Worte für die Griechen fast dasselbe bedeuten, und
so ist erst recht der Begriff des Lebens in unserem Jahrhundert ins Zentrum der Philosophie gerückt.
Wir wissen eigentlich nicht, was das deutsche Wort »Seele«,
in dem so viel Erfahrung seinen Niederschlag gefunden hat,
wirklich bedeutet. Es gibt keine überzeugende Etymologie
des Wortes Seele. So fällt das Wort aus der Reihe der verwandten Worte ganz heraus, die in anderen Sprachen zu

animus, anima, l'âme usw. geführt haben. Es steckt schon eine ganz bestimmte Aussage darin, daß man auch für die Psychologie von heute mit den Begriffen ›Leben‹ und ›Seele‹ einen wesentlichen Punkt bezeichnen zu können glaubt. Dabei hat die phänomenologische Wende der Philosophie eine nicht geringe Rolle gespielt. Namen wie Husserl, Scheler und Heidegger sowie die philosophische Hermeneutik haben in diese Richtung gewirkt.

So mag es geboten sein, daß wir uns noch etwas mehr auf den Niederschlag von Welt und Lebenserfahrung einlassen, der in den Wörtern steckt. In den Vordergrund stelle ich zwei deutsche Worte, deren Bedeutung in dem griechischen Wort »Psyche« anklingen. Jeder hört wohl heraus, daß das Wort ›Leben‹ etwas mit ›Leib‹ zu tun hat, und es besteht ja auch in der Sprache die engste Verbindung von Leib und Leben. Im Germanischen war es dasselbe Wort. Unter dem griechischen Wort Psyche klingt der Zusammenhang nach. Es ist der Hauch, der Atem, das ungreifbare Etwas, das auf ganz unverwechselbare Weise die Lebenden von den Toten scheidet. Im Griechischen gibt es zwei Ausdrücke für Leben, von denen beiden wir in Fremdwörtern Gebrauch machen, »zoe« und »bios«. Die Differenzierung wäre gar nicht ganz leicht, und doch weiß jeder, daß man, wenn man Zoologie sagt, nicht Biographie meint. Warum man das nicht meint, enthält aber bereits die ganz wesentliche Einsicht, daß ›bios‹ das sich selbst auslegende oder für andere versteh-bare Leben ist.

Wenn wir dagegen von der Voraussetzung ausgehen, daß wir es mit dem Leib und dem Hauch, dem Atem, zu tun haben, dann sieht man sich von den Worten auf ein Grund-problem geführt, das wie in der modernen Neurophysiolo-gie so von alters auch das Denken der Philosophie beschäftigt. Es ist das aktuelle Problem der Selbstbewegung. Dazu braucht man wirklich nicht Philosoph zu sein, um zu wissen, daß eine der Grunderfahrungen, die wir am Lebendigen machen, die Selbstbewegung ist. Das hat die griechische Philosophie auch so genannt (heauto kinoun), das, was sich selbst bewegt. Aristoteles hat das zu den subtilsten begrifflichen Unterscheidungen gezwungen. Denn man muß sich doch fragen, wie das sein kann, was sonst in der Erfahrung eigentlich ausgeschlossen ist: Nichts wird bewegt, ohne daß ein anderes Bewegendes da ist. Das scheint so einleuchtend, und so ist es eine bewußt paradoxe Formulierung, vom »Automobil« zu sprechen. Die Wahrnehmung von Selbstbewegung scheint übrigens in der modernen Neurophysiologie von der Wahrnehmung des durch anderes Bewegten ganz verschieden zu sein. Es ist wie eine Herausforderung des Denkens, auch hier dem Rätsel des Lebens nahe zu sein.

Wenn uns die Sprache den Zusammenhang zwischen Hauch und Atem und Leben anbietet, so wird doch auch die Besonderheit der menschlichen Natur noch anders zu charakterisieren sein. Mindestens haben bereits die Pythagoreer mit dem Begriff der Psyche »Anamnesis«, also das Reich der Erinnerung und des Gedächtnisses, verknüpft. Das denkend zu bewältigen, haben die Griechen eine ganze Reihe von Anstrengungen unternommen. Ich erinnere daran, wie im platonischen ›Phaidon‹ auf die Frage nach der Unsterblichkeit der Seele der periodische Kreislauf des Naturgeschehens nicht recht zur Aufklärung des Seelenschicksals ausreicht, und wie daher die Partner des Sokrates – mit Sokrates – die Erinnerung an früher Gesehenes und damit die geheimnisvolle Fähigkeit des Denkens überhaupt heranziehen.

Man tritt damit in eine neue Seinsdimension. Was ist dies

eigentlich? Wir sagen wohl ›mneme‹, ›memoria‹, was beides in die Lebenszüge der Lebewesen und ihre Instinkte fest einprogrammiert ist. Aber Anamnesis, das Sich-Erinnern, ist offenbar noch etwas anderes. Zwar hängt es mit mneme zusammen, und doch scheint es dem Menschen auf spezifische Weise vorbehalten. Erinnerung, Anamnesis, ist eine Form des Denkens, des Logos, das heißt, des Suchens. Wir kennen das alle, wie man ein Wort auf den Lippen hat und doch es suchen muß und meist nicht das richtige findet. Aber daß einer suchen kann und am Ende weiß, wenn er das Gesuchte gefunden hat, ist die Auszeichnung des Menschen. Hegel hat einmal ein paar wunderbar kraftvolle Bilder für diese Seinsebene gefunden. Er spricht von der »Nacht der Aufbewahrung«. Das ist mneme, worein alles, was erfahren war, absinkt, seine Präsenz verliert – und doch, ohne gegenwärtig zu sein, wiederholt werden kann. So steht die Nacht der Aufbewahrung in geheimnisvoller Verbindung mit der eigentlichen Macht des Menschlichen, das im Hervorholen des Versunkenen geschieht und schon ein Unterwegs zur Sprache ist.

Was ist diese Macht und ihr Können? Die Griechen haben die ersten Denkschritte abgesteckt. In einem platonischen Dialog, dem Charmides, gibt es eine interessante Stelle, in der ich eine Anspielung auf Heraklit zu erkennen meine. Es ist davon die Rede, daß die Dynamis, die Fähigkeit, immer Fähigkeit zu etwas sei. Kann es auch eine Fähigkeit zu sich selbst geben? Was soll eine Fähigkeit zu sich selbst sein? Man ahnt die Wahrheit, daß alle Fähigkeiten, die wir so haben, immer schon Fähigkeiten zu uns selbst sind. Vielleicht ist das die eigentliche Auszeichnung von Dingen wie »Sich-selbst-Bewegen«, auch eine solche Fähigkeit zu sich selbst zu sein. Gibt es das nicht doch, Sich-selbst-Bewegen, Aufflammen des Erhitzten, Aufleuchten von Präsenz, das wir alle jeden Morgen erleben? Es ist eine rätselhafte Übergangslosigkeit zwischen so Unvereinbarem, zwischen totenähnlichem Schlaf und dem plötzlichen Wachsein. Zwar sagt man manchmal, man sei nur halb wach. Aber man ist ganz wach, wenn man halbwach ist. Das ist Heraklits Thema, wie Wachen und Schlafen, Leben und Tod, übergangslos beieinander sind und eine unauflösbare Einheit darstellen.

Wenn wir beschreiben wollen, was es eigentlich heißt, daß eine Fähigkeit auf sich selbst geht, dann würden wir vielleicht sagen »ich bin mir meiner eigenen Fähigkeiten bewußt«. Das ist der Begriff des Bewußtseins, der hier unter dem Fremdwort »Reflexion« das Denken der neueren Jahrhunderte beherrscht. Reflexion ist zunächst ein optischer Ausdruck. Wir kennen ihn zuerst aus der stoischen Philosophie, wonach es das Geheimnis des Lichtes sei, daß es alles erleuchtet und dadurch auch sich selbst. In der Tat wäre ja das Licht ohne die Reflexion wie die Nacht. Das lehrt die ganz auf das Scheinen des Lichtes gerichtete Beobachtung, und dieser Begriff der Reflexion ist im philosophischen Denken der Neuzeit heimisch geworden. Damit komme ich zu dem entscheidenden Problemzusammenhang. Wovon ich zunächst sprach, waren tastende Versuche einer zur Spekulation hochbegabten Nation, mit einem Vokabular, das die Griechen aus der Weltbeobachtung geschöpft hatten, um rätselhafte Randphänomene zu begreifen, wie die Rhythmik von Schlafen und Wachen und den Hiat zwischen Leben und Tod. Irgendwie liegt hier das Geheimnis des Bewußtseins und das Problem des Selbstbewußtseins. All das ist offenkundig von der Seele gesagt, aber was ist die Seele, und was ist das Denken, das im Menschen auftritt? Denn das lehren die Griechen nun sicher, daß kein Denken sein kann ohne die Seele.

Aber was heißt Denken? Die Griechen redeten von Nous und meinten damit ursprünglich die unmittelbare Evidenz dessen, was man vor Augen hat, ob man es nun mit den leiblichen Augen sieht oder ob man es mit einem geistigen Auge sieht, wie es die Mathematiker haben, die statt der Figur, die sie ansehen, durch sie hindurch das wahre Dreieck sehen, oder wie wir alle tun, soweit wir uns mit Worten verständigen. Wir holen die Worte ja aus dem Gedächtnis herauf, so daß wir etwas vor uns sehen, wie der Mathematiker seine Figur sieht. So wird Nous zum »reinen« Denken, und Hegel kann die höchste Weise des Denkens, das Selbstbewußtsein, in der aristotelischen Metaphysik wiederfinden, wo sie den die ganze Natur bewegenden Gott auszeichnet. Der platonische Sokrates öffnet dafür die Dimension des reinen Denkens, indem er aus der pythagoreeischen Lehre von der Seelenwanderung und dem pythagoreeischen Heilsdenken die Anamnesis aufnimmt. Sokrates zeigt nun, daß wir diese Wiedererinnerung alle und ständig betätigen, wenn wir denken. Nur wenn uns etwas vorschwebt, suchen wir uns daran zu erinnern, bis man findet, was man eigentlich sucht. So öffnet sich die Dimension der Vergangenheit, und darin liegt Sinn für Zeit.

Wir stellen uns Möglichkeiten vor, und zwischen ihnen haben wir zu wählen. Das gilt auch für das Sicherinnern. Man will sich an etwas erinnern und liest dies oft mühsam aus der ganzen Flut sich andrängender Bilder und Vorstellungen aus. Das ist Denken, Hin- und Her-Erwägen (logizesthai). Das ist ›Seele‹. Alle Seele ist ständig besorgt. »Epimeleia« ist im ›Phaidros‹ der Ausdruck dafür. Sorgen ist aber immer, nicht bei sich zu sein, denn man ist in Sorge um etwas oder um jemanden, und nur so ist es ein Sichsorgen und damit etwas wie die Fähigkeit, die auf sich selbst geht und die eben die Auszeichnung des menschlichen Nous ist.

Das wird nun für Aristoteles zu einer schwierigen Aufgabe, diesem Begriff des Nous in der »Metaphysik« seine Stellung zu geben. Das heißt: im Rahmen einer Physik, in der Ordnung des Seienden. Aristoteles will auf diese Weise den reinen Gottesbegriff des Denkens mit der religiösen Tradition der Griechen vermitteln und beschreibt daher den Nous in seiner Reflexivität, seiner Selbstbezüglichkeit und Selbständigkeit als das höchste Seiende. Nichts zu sein als mit sich selbst befaßt zu sein, von nichts abzuhängen und alles in sich einzuschließen, das ist göttlich. Aber wie soll es Denken sein? Denken ist doch Etwas-Denken. Nur wer etwas denkt, kann sich seiner bewußt sein. Aristoteles hat nun aus der Sprache und Lebenswelt des griechischen Denkens nur die Begriffe ›Machen‹ und ›Leiden‹ zur Verfügung, und so beschreibt er diese Wachheit des Denkens als den tätigen Nous, der noch nichts denkt; aber eben als intellectus agens das Aufnehmen von etwas ins Denken bewirkt. So muß er sagen, daß dieses Denken des Denkens immer nur nebenbei des Etwas-Denkens auf sich selbst geht. Von einem Primat des Selbstbewußtseins und einer Reflexivität ohne ›Licht‹ auszugehen ist keine phänomenologische Gegebenheit. Die große Konsequenz der griechischen Weltsicht ist vielmehr, daß sie das hingegebene Sehen als die eigentliche Begegnungsweise des Wahren festhält. Das ist in dem Wort Nous und dem Sprachgebrauch unzweideutig eingeprägt. Wir sehen daran, daß es nun die Wendung der Neuzeit ist, die die Erkenntnisgewißheit allem voranstellt und die Verkehrung des phänomenologischen Datums in Kauf nimmt. Das hat seine weitreichenden Folgen.

Es war der Anbruch einer neuen Epoche, das Zeitalter der modernen Wissenschaft, als die philosophische Reflexion Descartes' die Unterscheidung von res extensa und res cogitans einführte. Beides sei Substanz, das heißt, sie bedarf keiner anderen Sache zur Existenz, auch die res cogitans nicht. Sie besteht darin, daß sie sich selbst denkt. Auf dieser Grundlage ruht die ganze moderne Wissenschaft. Die Selbstgewißheit des Selbstbewußtseins ist das unerschütterliche Fundament aller Gewißheit und damit in den Augen der modernen Wissenschaft des wahren Wissens. Es ist ein neuer enger Sinn von Wissen, der sich so in der Neuzeit zur Geltung gebracht hat. Nietzsche hat recht, es ist der Sieg der Methode über die Wissenschaft, und es ist die Verkehrung der Wahrheit in die Gewißheit. Das hat sich in der galileischen Wissenschaft des 17. und 18. Jahrhunderts als die Grundlage des ganzen Riesengebäudes der modernen Naturwissenschaft erwiesen.

Freilich konnte das nicht ohne Randprobleme bleiben, die sich immer wieder in ihrem eigenen Anspruch geltend machen. Der klassische Fall ist Leibniz. Leibniz hat es selbst geschildert, wie er bei einem Spaziergang im Rosental in Leipzig sich von der Unausweichlichkeit der galileischen Physik überzeugen mußte, und dennoch hat er das aristotelische Erbe der Entelechie, im Blick auf das Phänomen des Lebens, für unentbehrlich erklärt. Es sind komplexe Dinge, die unsere geistigen Schicksale bestimmen. So lieferte etwa das Mikroskop damals die ersten großen Bestätigungen über die Lebendigkeit, das heißt die Seele, in allem Seienden, als die Infusorien, die Aufgußtierchen, sichtbar wurden. Das war damals eine unglaubliche Sensation. Alles, was ist, ist Leben und Seele, so wie es für die Griechen selbstverständlich war. Was eines ist, ist ein Selbst, und ist das, weil es sich zu sich selbst verhält. So hat ein Zeitgenosse von Leibniz, der schwäbische Pfarrer Oetinger, wenn auch in Polemik gegen Leibniz, den Begriff des Lebens in seiner zentralen Bedeutung verteidigt und unter dem Stichwort »sensus communis« als die Auszeichnung des Lebendigen bezeichnet, daß es in allen seinen Teilen es selbst ist.

Das wird durch die Rede von den Seelenteilen, die man aus den griechischen Versuchen, die Seele zu beschreiben, kennt, verdeckt. Gewiß hat Plato mit der Rede von den Seelenteilen die Verschiedenheiten in der ›Seele‹ bezeichnet und ›Teile‹ genannt. Aber er hat bestimmt darin nicht, wie ein moderner Interpret, einen modernen Computer vor Augen, der verschiedene Funktionen maschinell in Gang setzt. Aristoteles hat mit Recht davor gewarnt, die Rede von den Seelenteilen wörtlich zu nehmen. In der Seele gibt es nicht ebenso Teile, wie es Körperteile und Glieder gibt. Denn das Lebendige ist in Wahrheit als das eine Ganze jeweils ganz in seinen verschiedenen Möglichkeiten. Man überläßt sich ganz seinem Zorn, und man wird ganz von der Angst geschüttelt, und nicht nur mit einem Seelenteil.

Das sind Einsichten in die Seinsverfassung des Lebendigen, die für den Psychologen wie für den Mediziner grundlegend bleiben. Auch Kant hat eine wichtige Rolle gespielt, indem er in der »Kritik der Urteilskraft« gezeigt hat, daß wir ein Lebendiges als einen einheitlichen Organismus denken müssen und nicht als eine Zusammenarbeit austauschbarer Maschinenteile.

Damit ist es unausweichlich, anzuerkennen, daß das Lebendige immer etwas von dieser Fähigkeit zu sich selbst enthält. Kant hat schön gezeigt, daß kein Organ des menschlichen Körpers nur Mittel zu einem anderen Zweck ist, sondern immer gleichzeitig auch Zweck. So stellt sich Einheit auf differenzierte Weise her. Ebenso hat noch Hegel mit der ihm eigenen spekulativen Kühnheit den Übergang vom Leben zum Bewußtsein und Selbstbewußtsein von da aus gesucht. Da heißt es etwa, daß das Leben so etwas wie das allgemeine Blut sei. Das meint nicht nur den Blutkreislauf, durch den die höheren Tiere in ihrem organischen Einheitsein ausgezeichnet sind, sondern es meint das alles durchströmende Eine des Lebens. Damit hebt sich das Problem der Seele, die eine ist, und das des Bewußseins in seiner Einheit ab. Mit Hegel zu reden: Das Bewußtsein ist das Einssein von Einfachheit und Unendlichkeit. Daß Unendlichkeit das Bewußtsein ausmacht, verstehen wir sofort. Man kann über alles ständig hinausdenken, und es macht gerade auch die Struktur des Selbstbewußtseins aus, daß es in seiner Reflexivität den unbegrenzten Rückgang des Reflektierens in sich eingeschrieben trägt. Das macht sein Sein als Reflexivität aus. Diese Unendlichkeit ist mithin zugleich seine Einheit und Einfachheit. Was im Bewußtsein da ist, ist nicht nur wie alles vom allgemeinen Blut durchflutet, sondern ist so geeint, daß es für mich eines ist. Damit gebrauche ich den berühmten Terminus Hegels, das Für-Sich-Sein. Er meint, daß das, dessen ich bewußt bin, gleichsam meines ist. Es ist für mich. Ich bin es, der es gesehen hat. Darin liegt ein weiterer großer Schritt. Ich meine den Schritt zur Sprache, für die alles mein Gemeintes ist. Was ich überhaupt mir bewußt machen kann, mache ich mir im Sprechen und im Gebrauch von Worten zu eigen. Es gehört nicht hierher, darzulegen, wie sich von hier aus Hegels Übergang von dem Ich-Bewußtsein über den objektiven Geist als gegenständlich gewordener Geist darstellt und nicht nur als gedachte Allgemeinheit anzuerkennen ist.

Es gibt ein tiefsinniges Wort des griechischen Arztes Alkmaion: »Die Menschen müssen sterben, weil sie das Ende nicht mit dem Anfang wiederzuverknüpfen imstande sind.« Was meint das? Ist das die Auszeichnung der Menschen, ihr Mangel, den sie gegenüber anderen Lebewesen haben? Es ist wohl eher die Auszeichnung des Menschen, daß er nicht nur »das Leben« ist, das sich selber reproduziert, sondern daß ein jeder einer ist, der als der einzelne weiß, daß er als dieser Eine sterben muß. Er ist nicht das allgemeine Blut, das sich in dem einen und dem anderen Kreislauf des Organismus vereinzelt und dann wieder in den allgemeinen Kreislauf zurückgeht. Das heißt im Grunde, daß das nur Lebendige die Gattung ausmacht, und das Wort des Alkmaion schließt offenbar ein, daß der Mensch eben nicht nur Gattung ist. Deshalb muß er sterben, und deshalb möchte er an die Unsterblichkeit glauben – auch wenn er an der Unsterblichkeit zweifeln muß, falls ihm nicht der Glaube an die Verheißung seiner Religion eine Gewißheit ist. Wir sahen, daß es auch griechische Weisheit war, die diesen Satz bestätigt. Vollends ist es das Christentum, das in der Botschaft von der Erlösung vom Tode den Kreuzestod Jesu als ein stellvertretendes Leiden des Todes denkt. Dadurch hat der einzelne, in der Verheißung der Auferstehung, ein solches Übergewicht für sein Leben gewonnen wie nirgends sonst, und das hat im Raum der christlichen Kultur noch über alle Säkularisationen hinaus dem Leben und Sterben ein ungeheures Gewicht gegeben. Für andere kollektive Formen des Lebens, außerhalb des Christentums, ist das anders und stellt gewiß für die kommende Weltordnung ganz neue Probleme, die in der Verschiedenheit des Wertes des Lebens und des Todes gründen. All das sind Dinge, die mit dem Thema ›Leben und Seele‹, und am Ende mit der Frage nach der Unsterblichkeit der Seele und mit der Vereinzelung der

Jemeinigkeit des Sterbens, aufs engste zusammenhängen. Damit ist der Seele eine einzigartige Leibferne aufgeladen worden, die in der Intimität des eigenen Gewissens für »des gemeinsamen Geistes Gedanken« keinen Raum läßt. Man sieht, daß der griechische Seelenglaube alles in allem nicht so fern von dem ist, was der moderne Mensch in seiner Lebenssituation erfährt, und man bemerkt, wie die Psychologie in den Bereich der Philosophie hineinreicht.

Die innere Logik der Sprache hat für jeden von uns eine gewisse Evidenz. Wenn es einigermaßen gelingt, den inneren Zusammenhang so verschiedener Dinge wie der Angst, der Ängste, des Sich-Ängstigens, des Ausstehens von Angst und des Verlierens von Angst wirklich zu begreifen, lernt man auch etwas darüber, wie Angst zur Krankheit werden kann, als Psychose oder wie immer wir es nennen mögen. Der Blick auf das reiche Spektrum der Phänomene läßt so etwas wie Sinnzusammenhang und Logik ahnen.

Für einen von Heideggers Ausgangspunkt entscheidend bestimmten Philosophen ergibt es sich bei diesem Thema fast von selber, daß ich diesen Ausgangspunkt mit Nachdruck unterstreiche, den ja auch die Daseinsanalytik im Fachbereich der Psychiatrie genommen hat. Man liest dort »Sein und Zeit« von Heidegger als ein anthropologisches Grundwerk – und man liest es damit gegen die Intention dieses Werkes. Heidegger hat zwar gewiß selber gesagt, daß in »Sein und Zeit« ein reiches Material von anthropologischer Erkenntnis stecke. Es sei aber durchaus nicht seine Absicht gewesen, zur Anthropologie beizutragen. Vielmehr wollte er die Frage, die seit alters die Philosophie des Abendlandes als Metaphysik kennzeichnet, die Frage nach dem Sein, in einem neuen erweiterten Horizont wieder aufgreifen. Die Rolle, die das Phänomen der Angst in »Sein und Zeit« spielt, will also keine anthropologische Aussage sein, der man lieber etwas erfreulichere Stimmungen zur Seite setzen möchte. Es geht gar nicht darum, daß das Dasein des Menschen von Heidegger zu negativ gesehen ist, weil es von der Angst beherrscht werde. An der Angstbefindlichkeit des

Menschen wird vielmehr die Frage nach dem Sinn von Sein und von Nichts neu sichtbar. Das ist der philosophische Ausgangspunkt, der dem Thema Angst seine Tiefe und seine außerordentliche Resonanz sichert. Angst ist insoweit die Grundbefindlichkeit des Daseins, wie Heidegger sie dargestellt hat. Mir fiel dabei ein Gedicht von einem Barockdichter, Logau, ein, der davon weiß:

> Sobald ein neues Kind
> die erste Luft empfind't,
> so hebt es an zu weinen.
> Die Sonne muß ihm scheinen
> den viermal zehnten Tag,
> eh als es lachen mag.
> Oh Welt, bei deinen Sachen
> ist weinen mehr als lachen.

Das Gedicht ist ein Hinweis auf die Urphänomene, die wohl wirklich dahinterstehen und den Menschen auszeichnen. Angst steht mit Enge, mit der plötzlichen Ausgesetztheit ins Weite und ins Fremde in engstem Zusammenhang. Wir haben alle etwas von dieser Urerfahrung in vielen Worten unserer Sprache und können sie von ihr abhören. So erscheint mir für uns Deutsche, daß Worte wie »ungeheuer« und »unheimlich« darauf hindeuten. »Geheuer« heißt daheim. Die Verneinung ist »ungeheuer«, das heißt fremd und unheimlich. So sagen wir: es ist einem nicht geheuer, und: es kommt einem nicht geheuer vor. Das »Un-geheure« ist vollends eine affektive Aussage für die unüberschaubare Größe und Weite, für die Leere, Ferne und Fremde, die einem für das Bestehen des Lebens, das Sich-Einhausen in dieser hiesigen Welt den Atem benimmt. Mit dem Wort Einhausen gebrauche ich ein Lieblingswort von Hegel. Er sah darin die Grundverfassung des Menschen, daß er bei sich zu Hause sein will, um, von aller Bedrohung zurückgezogen, im Vertrauten, Griffbereiten und Begriffenen von aller Angst frei zu sein.

Wenn wir so von Angst reden, meinen wir jedenfalls nicht die spezifischen Phänomene der medizinischen Anthropologie, sondern die eine Grundverfassung des Lebens, aus der Enge ins Weite zu drängen. In der Geschichte der Philosophie kommt das bei Schelling zu Worte. In der Schrift »Vom Wesen der menschlichen Freiheit« heißt es: »Die Angst des Lebens treibt die Kreatur aus ihrem Zentrum.« Das ist wie ein Leitfaden, ja, wie ein ungewollter Kommentar zu unseren Diskussionen. Was damit gesagt ist, trifft den Zusammenhang zwischen dem, was Wolfgang Blankenburg als den existentiellen Sinn von Angst gegenüber dem vitalen oder realen Sinn von Angst ausgezeichnet hat. Es führt die Frage mit sich, warum ist überhaupt etwas und nicht nichts? Darin liegt zugleich, was den Psychiater beschäftigt, wie die Angst des Lebens in die Ängste treibt. Insofern ist es zutreffend, daß die Sprache nicht bestätigen kann, was Kierkegaard und Heidegger dazu gebracht hat, gegenüber allen Ängsten und Phobien die Angst auszuzeichnen, die sich vor »nichts« fürchtet. Das sagt einer nur, der nach nichts als nach dem Sein fragt. Aber es sagt auch jeder, den der Würgegriff der Angst losläßt. Die Angst, die sich verliert, ist wie eine Erfahrung des Nichts – und damit des Seins. Heidegger hat es eindrucksvoll beschrieben, was das ist, wovor man eigentlich Angst hatte: »Es war nichts.« Wenn man es auch nur nennen könnte, wäre es schon etwas, was nicht mehr als die Grundbefindlichkeit des Menschen einen wie das »Da« des Daseins überfällt. So hängt es mit der Frage der Philosophie zusammen, was dieses rätselhafte Da, für das

wir etwa Wachsein oder Bewußtsein sagen, eigentlich bedeutet.

Daß das ein Rätsel ist, dieses Da, ist doch nicht nur für die
Philosophie, sondern ebenso für den unwissenschaftlichen
wie für den wissenschaftlichen Kopf einfach wahr. Es ist die
Wahrheit, die schon Heraklit empfunden hat, wenn er in ein
paar denkwürdigen Sätzen davon sprach, daß der Mensch
sich selber in der Nacht ein Licht anzündet. Im Fortgang
wird dann vom Schlafen gesprochen, bei dem man an den
Tod rührt, und vom Erwachen gesprochen, in dem man
schlagartig aus dem Schlaf ins Wachsein gerissen wird, und
das Wunder des bewußten Lebens ist überdies auf unabän-
derliche Weise daran gebunden, es mit dem Tod aufnehmen
zu müssen. Wir müssen es. Der Tod ist für den Menschen
die selbstverständliche andere Seite des Lebens. Damit sind
wir bereits nahe an der anthropologischen Grunderfahrung,
daß das Denken des Menschen dieses Geheimnis denken
möchte. Als solche ist sie uns allen vertraut. Wenn Schelling
sagt, die Angst des Lebens treibt die Kreatur, so sagt er offenbar »Kreatur«, weil er noch etwas Ursprünglicheres
meint als »das Wissen um den Tod«. Dieses Ursprüng-
lichere ist, daß es den Menschen treibt, den Tod zu verdrängen. Das hat etwas mit dem alten Böhmischen Ausdruck
»die Qual« zu tun. Jacob Böhme interpretiert die Qualität
als Qual. Die Qualität ist zunächst das, wie ein Seiendes sich
von anderem unterscheidet. Das ist sein Sein, daß es seine
eigene Qual ist, sich auf seine Weise zu halten, sich selbst
Gestalt zu geben und so seine Qualität zu entfalten.

Diese Bemerkungen über die Angst bestätigen in gewichti-
ger Weise, daß die Todesangst, ein für den Psychologen
oder Psychiater und schließlich für jeden Beobachter wohl
beschreibbares Phänomen, die Zuspitzung einer Urbefind-

lichkeit des Menschen ist. Weil er denken muß, deswegen hat er es mit dem Tod zu tun. Das ist uraltes Menschheitswissen.

Ich beziehe mich besonders auf das tiefsinnige Drama der Aischylos »Der gefesselte Prometheus«. Ich erinnere mich noch: In meiner Kindheit stand in meinem Elternhaus auf dem Flügel eine kleine Plastik, ein bronzener Prometheus, dem ein silberner Adler die Leber frißt. Es ist die berühmte Geschichte von dem qualvoll leidenden und gefesselten Prometheus. Sie wird in dem Drama des Aischylos dargestellt. Der Mythos sagt, daß Prometheus das Feuer vom Himmel gestohlen habe und dadurch den Menschen das Arbeiten mit dem Feuer beigebracht habe. Bei Aischylos wird Prometheus so dargestellt, daß er seinen Feuerdiebstahl nur nebenbei erwähnt. Er rühmt sich, als der eigentliche Wohltäter der Menschen den von Zeus Benachteiligten die größte erdenkliche Wohltat dadurch erwiesen zu haben, daß er ihnen das Vorwissen um ihren Tod genommen habe. Das sei seine eigentliche Gabe. Vorher hätten die Menschen untätig, trübsinnig und ihr Ende erwartend in Höhlen gelebt, wie so viele andere Tiere in Höhlen leben. Nachdem ihnen aber die Stunde ihres Todes zu wissen genommen worden sei, kam Hoffnung auf, und so begann der große Aufbruch der Menschen zur Umwandlung der Welt in eine bewohnbare Welt. Der sich rühmende Prometheus schildert nun bei Aischylos, wie er durch den Feuerdiebstahl überhaupt alles große menschliche Können und vor allem die »Sophia« des Handwerks bewirkt habe. Man ahnt, und das ist der Tiefsinn der Deutung durch den Dichter, daß es in Wahrheit nichts anderes war, was den Menschen den Tod verdeckt hat und vergessen läßt, als dieses Können, als das der Mythos vom Feuerdiebstahl sich selbst deutet. Plato hat noch einen weiteren Deutungsschritt getan. Er hat die Wekkung des Kunstgeistes durch das Feuer dem Protagoras in den Mund gelegt und selber die Zahl, die zwischen dem Unbestimmten und dem Einen ist, und das heißt die Dialektik, d. h. die Philosophie, als die große neue Gabe bezeichnet.

Eine tiefsinnige Deutung ist aber schon die des Aischylos, durch die er den alten Mythos auflädt. Was für ein Gedanke: Das eigene Todeswissen verkehrt die eigentliche Auszeichnung des Menschen, die doch im Vorausschauen in die Zukunft besteht, geradezu in ihr Gegenteil, in die stumpfe Einkehr in das Höhlendasein. Aber nun ist es Vergessen des Todes, so daß man nicht mit ihm rechnet. Oder gar, weil mit dem Tod kein Kalkül möglich ist, ist Vergessen des Todes niemals Vergessen und auch niemals Überwinden des Todes, sondern ist Leben. So strömt der ganze Kunstgeist des Menschen in diese unberechenbare Zukunft, nein, über jede berechenbare Zukunft und nicht berechenbare Zukunft hinaus in die Erfahrung der Transzendenz.

Was sich daran zeigt, ist in Wahrheit, wie die Angst des Lebens, die Herausdrehung des Menschen aus dem Ganzen der übrigen Natur, den Menschen im Logos, wie die Griechen sagen, das heißt, durch die Sprache, Distanzierung gegeben hat, so daß sie sich etwas denken können und etwas dahingestellt sein lassen können. Die anthropologische Grundlage der Angst bezeugt also die Auszeichnung des Menschen, von sich selber distanziert zu sein. Heidegger sah darin in Unterscheidung von der Eigentlichkeit des Daseins, das sich auf seine Angst bereit macht, die Uneigentlichkeit des Daseins, zu dem das Leben sich ständig überredet. Aber auch die gehört zum Wesen des Menschen.

Was darin sofort greifbar ist, ist der innere Zusammenhang zwischen der Angst und den Ängsten oder all den Phobien.

Das griechische Wort Phobos wird meist mit Furcht übersetzt. Eigentlich hat es unmittelbar mit Schreck zu tun. Denn das griechische Wort meint wörtlich, daß sich einem die Haare sträuben. So unmittelbar leiblich-sinnlich ist das gesehen. Aber ob man nun etwas Phobien nennt oder Ängste, das Sprachliche ist für das denkende Unterscheiden nur eine erste Wegleitung. Es gilt darüber hinauszugehen, und so hat Heidegger von der Sorge gesprochen. Alle Sorge, alles Sorgen ist für etwas oder um etwas, wie auch alle Angst Angst vor etwas und Angst um etwas ist. Indessen weist gerade die Vielfalt der Ängste auf die Grundbefindlichkeit des Menschen zurück, aus der Instinktgebundenheit ganz herausgedreht zu sein, durch die sich die übrigen Lebewesen höherer Organisation vom Menschen unterscheiden.

Wenn wir uns fragen, warum ein Ansteigen der Angst in unserer gegenwärtigen Welt zu beobachten ist, worauf beruht das? Ich meine, daß die Art von Wissen und Gewißheit, die wir in der modernen Wissenschaft durch Experiment und Kontrolle geschaffen haben, das menschliche Sicherheitsbedürfnis gesteigert hat. Der bekannte Ausdruck, den wir für diese Art von Wissen von der Soziologie her gebrauchen, ist, glaube ich, von Max Scheler eingeführt worden: »Herrschaftswissen«. Das ist kein schlechter Ausdruck. Ärzte werden alle zugeben, daß ihnen der Ausdruck, etwas zu beherrschen, ganz natürlich ist. Gewiß kennen Sie auch die Grenzen dieses Eine-Sache-Beherrschens, die Sie in Ihrem ärztlichen Tun mit Resignation erfahren müssen. Das ist aber jedenfalls deutlich, daß Herrschaftswissen mit Sicherheitsverlangen aufs engste zusammengehört.

Das war die Wendung der Neuzeit, die bei Descartes ihre erste klassische Formulierung hat und durch den Begriff der Methode dargestellt ist. Wir sind der Dinge, die wir wissen, sicher. Wenn ich mit Naturforschern gelegentlich darüber spreche, dann kommt es massiv heraus: Für sie gibt es *facts*! Das klingt nach etwas und ist einschüchternd. Wir Philosophen fragen freilich, was wohl Tatsachen sind, und denken an die Statistik, die uns ja ständig die Zweideutigkeit dieser Tatsachenbehauptung lehrt. Bei allen Fortschritten in der Beherrschung von Angst-Phänomenen neurologischer Art, die man in der neueren Entwicklung erreicht hat, bleibt es doch wohl unzweifelhaft, daß die Existenzangst zum Leben und zum Wesen des Menschen gehört, wie wir sie etwa aus der Urzeit als die Angst bei Gewitter kennen (und verlernt haben) und die als Zivilisationsangst heute auch wie etwas Atmosphärisches »in der Luft« liegt. Ob nicht in Wahrheit wieder dieses Sicherheitsbedürfnis des Lebens im Hintergrund steckt? Denken wir nur an den Bereich der Politik. Da tut man so, als ob man Angst überhaupt, Sich-Ängstigen oder Angst-Haben ganz ausschalten könnte. So ist das ein Argument, das in bestimmten politischen Entscheidungssituationen bewußt gebraucht wird. Gesteigertes Sicherheitsbedürfnis ist natürlich nicht alles. Die Grundfrage, die dahinter steht, ist aber doch, welche Antworten es auf diese Grundbefindlichkeit der Lebensangst gibt. Der Mensch baut doch in seinem Sorgen sein Leben auf, indem er sich ständig um vieles sorgt, ständig Sachen besorgt und in der Sorge lebt – um in der Welt, die er sich schafft, sich einzuhausen, so wie ich das darstellte. Das hat heute seine Probleme. Die Zukunft scheint zu ausweglos. Es ist kein Zweifel: Die Religionen waren durch viele Jahrtausende der Menschheitsgeschichte Formen solchen gelingenden Sich-Einhausens. Sie boten sozusagen Objektivierungen gegen die Existenzangst, die diesen sonderbaren, aus der Natur herausgedrehten, denkenden und fragenden Wesen zugeteilt ist. Die Zivilisationsangst von heute ist nicht zuletzt ein Ausdruck dessen, daß die Bedrohung, die offenbar mit dem Leben selber gesetzt ist und in jenem Geburtsschrei, den Logau beschrieben hat, ihren plastischen Ausdruck findet, in unserer Zivilisation als Bedrohung, der das Leben sich ausgesetzt sieht, namenlos und damit immer ungreifbarer wird. Wir wissen sozusagen nicht mehr, was das eigentlich ist, was unsere ganze Daseinsordnung so sehr und ohne unser Zutun beherrscht. Mein Amtsvorgänger in Heidelberg, Karl Jaspers, hat unsere Epoche das Zeitalter der anonymen Verantwortlichkeit genannt. In der Tat, man kann den nicht mehr benennen, der verantwortlich ist und dem man verantwortlich ist. Keiner von uns ist es. In diesem durchorganisierten komplizierten Daseinsapparat von heute ist keiner imstande, zu den uns besorgenden und uns ängstigenden Problemen unserer Zivilisation durch ein beherrschendes Wissen Stellung zu nehmen.

Dazu kommt ein Zweites. Nicht nur, daß die Ablösung der Religionen durch die Wissenschaft ein Vakuum aufdeckt. Wir sehen es an den wenigen utopistischen Versuchen einer sogenannten wissenschaftlichen Politisierung der Gesellschaftsordnung, deren Zusammenburch wir erleben, deutlich. Das aber ist das dritte Phänomen, das in diesem Zusammenhang in unserer Diskussion bereits eine wichtige Rolle spielt: Wie weit kann das Leben des Menschen überhaupt Wahrheit ertragen? Das ist eine durch Nietzsche formulierte Frage und wohl auch eine der ganz großen Herausforderungen, die Nietzsche an unsere Epoche in steigendem Maße richtet. Nietzsche ist in der Verzweiflung an der Fähigkeit der modernen Aufklärung und Wissenschaft, die Lebensfragen des Menschen zu beantworten, zu der herausfordernden Lehre von der »ewigen Wiederkehr des Gleichen« gekommen. Er war ein großer Moralist und wollte damit zum Ausdruck bringen, wie wir in aller äußersten Auswegloskeit standzuhalten lernen müssen. Das sei unsere eigentliche Moral, die Übermenschliches von uns verlangt. ›Ich lehre euch den Übermenschen.‹

Meine Darlegungen und Reflexionen versuchen, den Zusammenhang zwischen der Grundangst als Grundbefindlichkeit und den Ängsten, die in allen ihren Erscheinungsformen das Leben ausmachen, in Erinnerung zu rufen. Das soll uns erlauben, nun die Frage zu stellen: Was bedeutet Krankheit im Zusammenhang von Angst? Es wurde mit Recht gesagt, daß Angst noch keine Krankheit ist. Es kann Psychosen, eben die Angstpsychosen geben, wo die Angst anscheinend zur Krankheit wird oder jedenfalls sich als Krankheit darstellt. Was ist hier der Zusammenhang? Ich spreche natürlich als Laie. Zu den Vorzügen meines Lebens oder dem Glück meines Lebens hat gehört, daß ich mit Ärzten eigentlich immer nur als Freunden zu tun hatte und höchst selten als Patient. Wenn wir uns fragen, was der wirkliche Unterschied zwischen Krankheit und Gesundheit ist, so sehen wir, daß wir die Krankheit nicht von all den Symptomen aus bestimmen können, von denen aus die Normwerte irgendeiner Durchschnittsbemessung sagen, was gesund ist. Die nicht meßbaren Randbedingungen sind so zahlreich, daß die meßbaren darüber ihre Kraft einbüßen. Es sind doch ganz zerzauste Ränder, was Normwerte für das Individuum aussagen. Nun, wenn wir von der Voraussetzung ausgehen, daß es nicht so eindeutig ist, was zwischen Gesundheit und Krankheit der Unterschied ist, erinnern wir uns daran, daß der Internist, ich glaube bis heute – jedenfalls habe ich bei den wenigen Berührungen, in denen ich den Arzt als Arzt brauchte, das doch sehr oft beobachtet –, danach fragt, ob man ein Krankheitsgefühl hat. Darin spricht sich doch aus, daß der Organismus eine Art Bewußtsein hat, das über die allgemeine Lage des Organismus eine Antwort gibt, die uns davor schützt, durch Erzwingen von Normwerten krank zu werden.

Und wie sieht das für den Psychiater aus? Es handelte sich ja um eine typische Internistenfrage. Ein Gutteil der Gemütskrankheiten beruht doch wohl darauf, daß dieses Krankheitsgefühl gerade nicht da ist und jedenfalls mit Rigidität abgeleugnet wird. Es ist auch eines der großen Probleme der Psychoanalyse, daß nur, wo überhaupt dieses Krankheitsbewußtsein da ist, der entscheidende Schritt zum Analytiker getan werden kann. Ein Analytiker wird, soviel ich weiß, niemanden, der zu einer Analyse zwangseingewiesen würde, als Patienten annehmen. Das ist doch das erste, daß man sich sozusagen aus seiner eigenen Krankheitsnot und der eigenen Bedrängnis an den Arzt oder den Analytiker um Hilfe wendet. Nun, da fragt man sich, was Krankheit »eigentlich« ist, in der Kontinuität zwischen der Vielbeweglichkeit unserer Lebenssorgen und dem Herausfallen aus dem Kreislauf des Sich-Sorgens und Sich-Besorgens.

Ich vergleiche es mit dem Phänomen des Gleichgewichts. Sie wissen alle – ich habe es jedenfalls nicht aus meiner Kindheit vergessen –, wie es war, als ich das Zweiradfahren lernte, wie ich die erstaunliche Erfahrung machte, daß alles, sobald man es kann, viel, viel leichter ist als noch eben, als man mit aller Anstrengung das Lenkrad krampfhaft festhielt. Plötzlich ist das Gleichgewicht da, und dann geht alles von allein – so wie man später die jungen Leute mit gekreuzten Armen auf dem Rad dahersausen sieht. Dieses Bild soll klarmachen, daß offenbar die bewegliche Skala von Anstrengung und Erleichterung zum Normalen des Menschen gehört und daß deswegen Durchschnittswerte in der Medizin, wie ich glaube, auch in der Praxis des Arztes eine sehr gefährliche Seite haben. Jedenfalls ist es klar, daß es hier eine große Skala von Variabiliät gibt. Die Grundüberlegung ist: Was ist diese Skala von Veränderungen, und was ist da Kontinuum und Bruch? Da ist diese unglaubliche Flexibilität in allem unserem Tun und Leiden – und wieso dann das Zusammenbrechen? Ich würde sagen, eine objektivierbare Dimension des Fragens und Forschens ist da kaum gegeben. Es ist eine pragmatische Unterscheidung zwischen Krankheit und Gesundheit, zu der keiner eingeladen ist, außer dem, der selber in der Lage des Sich-krank-Fühlens ist oder der mit der Besorgung seines Lebens nicht mehr fertigwerden kann und deswegen schließlich zum Arzt geht. So scheint mir am Ende, daß wir die Urbefindlichkeit der Angst des Lebens – und ebenso den Tod – als die ontologische Ehre des Menschen, wie Guardini es genannt hat, erkennen und annehmen müssen. Das zum Denken und Fragen erwachende Leben denkt und fragt über alle Grenzen hinaus. Angst zu kennen und den Tod nicht begreifen zu können – das ist der nie ganz verhallende Geburtsschrei des Menschen.

Von je her hat die Psychiatrie im Ganzen der medizinischen Wissenschaft und der ärztlichen Heilkunst eine Sonderstellung inne – so wie die Medizin im Ganzen der anderen Wissenschaften. Als ärztliche Kunst steht sie immer nur an der Grenze zur Wissenschaft und lebt von ihrem unlöslichen Zusammenhang mit der »Praxis«. Praxis aber ist nicht bloß eine Anwendung von Wissenschaft. Vielmehr wirkt immer etwas von der Praxis aus auf die Forschung zurück, deren Ergebnisse sich ständig in der Praxis bewähren und prüfen lassen müssen. So liegt es tief begründet, daß der Arzt seinen Beruf nicht nur als Forscher oder Wissenschaftler versteht, aber auch nicht als ein bloßer Techniker, der die Wissenschaft und ihre Erkenntnisse für das »Gesundmachen« zur Anwendung bringt. Es ist ein Moment der Nähe zur Kunst darin, das nicht zu dem gehört, was man durch theoretische Belehrung vermitteln kann und das dem Namen Heilkunst entspricht.

Die Praxis ist mehr als nur Anwendung von Wissen. Sie bedeutet den vollen Lebenskreis des ärztlichen Berufs und nicht einen bloßen Arbeitsplatz im Ganzen der Arbeitswelt, sie hat ihre eigene Welt. Ähnlich ist es ja auch mit der Jurisprudenz, die ihrer Sonderstellung stets eingedenk war. Selbst im Zeitalter der Wissenschaft hat sie lange gezögert, den Titel Rechtswissenschaft anzunehmen und sich von ihrer eigentlichen Auszeichnung zu trennen, Prudentia, Rechtsklugheit und Rechtskunst zu sein. Auch hier ist die Praxis von der Wissenschaft untrennbar. Auch hier gibt es den Aufbau einer Klientel und dazu noch den Widerstand des »Volkes« gegen seine »Rechtsverdreher« –

wie auch die Heilkunst seit alters einer Apologie bedurfte.

Die Beziehung zwischen dem Arzt und dem Patienten ist jedoch ein Lebensverhältnis anderer Art. Gerade im Zeitalter der Wissenschaft, das das unsrige ist, hat diese andere Seite des ärztlichen Berufs zu immer neuer Besinnung Anlaß gegeben. Die erstaunlichen technischen Mittel der modernen Medizin verführen vor allem den Patienten immer wieder, an dem um Hilfe angegangenen Arzt nur die eine Seite seines Tuns zu sehen und den Arzt auf Grund seiner wissenschaftlichen Kompetenz zu bewundern. Die Notlage des Patienten drängt selber darauf hin, die Zaubermittel der modernen ärztlichen Technik für alles zu halten und darüber zu vergessen, daß ihre Anwendung ein höchst anspruchsvolles und verantwortungsvolles Tun ist, das die weitesten menschlichen und gesellschaftlichen Dimensionen besitzt.

Wenn sich der Arzt im ganzen nur zögernd als Naturwissenschaftler klassifizieren läßt, so gilt das für den Psychiater im besonderen Grade. Seine Wissenschaft und seine Praxis bewegen sich auf Schritt und Tritt auf der feinen Grenze zwischen den Erkenntnisbereichen der Naturwissenschaft und ihrer rationalen Durchdringung des Naturgeschehens einerseits, und auf der anderen Seite sieht er sich mit seelisch-geistigen Rätseln konfrontiert. Denn der Mensch ist nicht nur ein Naturwesen, sondern auch sich selbst und anderen geheimnisvoll fremd, als Person, als Mitmensch, in Familie und Beruf, mit unzähligen unwägbaren Einwirkungen und Einflüssen, Belastungen und Problemen. Immer wieder spielt Unvoraussehbares hinein. Da gibt es noch ganz andere Unverständlichkeiten als die zu erforschenden Gesetzlichkeiten des Naturgeschehens, die eine hochentwickelte Forschung mehr und mehr ans Licht bringt.

Nun, mit dem Unverständlichen und mit dem Verstehen der Unberechenbarkeiten des seelisch-geistigen Lebenshaushaltes des Menschen hat es die Kunst des Verstehens zu tun, die man Hermeneutik nennt. In früheren Jahrhunderten konnte man dieses gelehrt-griechische Wort geradezu für Menschenkenntnis gebrauchen, als man sich der Grenzen der neuen Wissenschaft des 17. und 18. Jahrhunderts bewußt zu werden begann und als man im Zeitalter Goethes und der Romantik das tiefe Rätsel erkannte, das ein jeder Mensch – sich selbst und anderen ist.

Nun spielt die Kunst des Verstehens gewiß in vielen Wissensbereichen eine große Rolle. Von ihrer Bedeutung für die Seelsorge, für die Auslegung der Bibel, für die Jurisprudenz und ihrer Auslegung der Gesetze war schon die Rede. Sie spielt überall hinein, wo die bloße Anwendung von Regeln nicht hinreicht, und das gilt für die gesamte Sphäre des mitmenschlichen Erfahrungslebens. So kommt es, daß man sich selbst unverständlich sein kann und sich selber wie den anderen nicht mehr verstehen kann. Insofern ist es nicht überraschend, daß auch die Philosophie im Zeitalter der Wissenschaft die Grenzen der Regelbefolgung und des durch Wissenschaft ermöglichten Machenkönnens zu gewahren und zu schätzen beginnt.

Wenn unser Jahrhundert einen wirklich neuen Schritt im philosophischen Denken getan hat, so ist es doch wohl der, daß nicht nur Vernunft und Denken im Zentrum der Philosophie stehen, sondern daß auch die Sprache ins Zentrum gerückt ist, in der sich alles das ausdrückt. Da kann es nun im Zeitalter der Wissenschaft nicht verwundern, daß man meist – und nun schon seit mehr als einem Jahrhundert – gar nichts anderes im Sinn hat, als daß auch die Sprache auf ihre Beherrschbarkeit und Nutzbarkeit bedacht werden müsse. Das bedeutet, daß die Sprache als Zeichenwelt zum Thema wurde. Dafür waren die von der Mathematik entwickelten Symbolsprachen und ihr wissenschaftlicher Erfolg das Vorbild. So kam es, daß die Philosophie das Ideal einer eindeutigen Kunstsprache leitete, die durch eindeutige Bezeichnung des Gemeinten alle Idola fori überwinden soll. Das schwebte seit dem 18. Jahrhundert (Leibniz) als ein letztes Ziel vor, daß man sich durch Entwicklung der mathematischen Logik dem Ideal eindeutiger Bezeichnung zu nähern vermöchte und auf diesem Wege die Philosophie erst wahrhaft zur Wissenschaft würde. Inzwischen hat sich aber ganz im Gegenteil die produktive Vieldeutigkeit der natürlichen Sprachen und ihre Einbettung in das menschliche Handeln zur Geltung gebracht. Selbst das Konstruktionsideal einer generativen Grammatik hat das Prinzip der Generation in sich aufgenommen. Das sind faszinierende Leistungen des Scharfsinns und der Logik. Freilich beschränken sie sich auf die Formenwelt und Funktionalität der Sprache, und die Sprache spendet nicht aus dem Reichtum der Inhalte, die in ihr vermittelt werden. So werden in der sogenannten analytischen Philosophie die Dimensionen der Sprachlichkeit nur in einer bestimmten Einschränkung durchmessen. Die Sache ist ähnlich wie bei den hochinteressanten Erkenntnissen, die Lévi-Strauss und die Strukturalisten als eine implizite Grammatik der mythenbildenden Phantasie gewonnen haben. Auch das sind faszinierende Aufklärungen, die uns da zugewachsen sind, und doch können sie den Weisheitszauber der Mythenwelt nicht ersetzen. So hält auch die natürliche Sprache noch andere Winke und Geheimnisse für uns bereit, über das Wunder der sprachlichen Kommunikation hinaus, die auch durch einen künstlichen Code erreicht werden könnte und erreicht wird. Es ist noch eine andersartige Gemeinsamkeit, zu der uns die Sprache als die Muttersprache in der Ausübung unseres Denkens und der Anwendung unserer Vernunft verbindet. Es ist nicht nur eine Gabe der Natur, was als das Sprachvermögen Verständigungsmöglichkeiten wie durch künstliche Signalsysteme möglich macht. Die menschliche Gesellschaft hat vielmehr dank der Sprache gegenüber allen Tiergesellschaften eine ganz andere Weite und Weise: »daß wir ein Gespräch sind und wir hören können von einander«. Die ganze Umbildung unserer Lebenswelt durch Sittenordnung, religiöse und kulturelle Traditionsbildung, all das geht auf dies letzte Wunder zurück, das nicht nur in der Signalisierung besteht, die ein Artverhalten regelt, sondern in dem Aufbau einer eigenen Sprachgemeinschaft und ihrer gemeinsamen Welt. Die Kunst, voneinander hören zu können, und die Kraft, auf den anderen hören zu können, das ist das Neue, und darin besteht das Universale aller Hermeneutik, das unser Denken und unsere Vernunft umfaßt und trägt. So ist die Hermeneutik nicht nur eine Hilfsdisziplin, die für allerhand Wissenschaften eine wichtige methodische Zurüstung darstellt. Sie reicht selbst ins Innerste der Philosophie, die nicht nur logisches Denken und methodische Forschung ist, sondern immer auch einer Logik des Gesprächs folgt. Das Denken ist das Gespräch der Seele mit sich selbst. So hat Plato Denken genannt, und das bedeutet zugleich: Denken ist ein Hören auf die Antworten, die wir uns geben oder die uns gegeben werden, wenn wir das Unverständliche zur Frage erheben. Das Unverständliche zu verstehen und insbesondere solches zu verstehen, das verstanden werden will, umfaßt das Ganze unserer Nachdenklichkeit, die in den Religionen, in der Kunst der Völker und im Flutlicht unserer geschichtlichen Überlieferung immer neue Antworten bereithält und mit jeder Antwort eine neue Frage weckt. Das ist Hermeneutik als Philosophie.

Sieht man die Aufgaben der Hermeneutik in solchen Maßen, dann tritt die Nähe der Hermeneutik zur Psychiatrie sofort ins Licht. Wenn Philosophie das ist, das Unverständliche verstehen zu wollen und die großen Menschheitsfragen aufzunehmen, zu denen die Religionen, die Mythenwelt, die Dichtung und Kunst und Kultur im ganzen ihre Antwort anbieten, dann umfaßt sie die Geheimnisse von Anfang und Ende, von Sein und Nichts, von Geburt und Tod, und vor allem von Gut und Böse, Rätselfragen, auf die es keine Antworten des Wissens zu geben scheint. Der Psychiater wird sofort die Nachbarschaft solcher Unverständlichkeiten erkennen, die ihm in den seelischen und geistigen Erkrankungen begegnen, mit denen er zu tun hat. So kennt er etwa religiösen Wahnsinn und seine tödliche und oft selbstmörderische Gewalt, die den einzelnen oder ganze Gruppen und Sekten in den Tod treibt. Er kennt den Liebeswahnsinn, der bis ins Verderben treibt. Als ein wissenschaftlich aufgeklärter Mensch sind dem Psychiater alle solchen Besessenheiten wohlbekannt. Freilich, ob es nun Dämonen sind, die in einen gefahren sind, die man austreiben muß, oder ob es göttliche Inspirationen oder Wahnideen sind, wie sie etwa den rasenden Ajax oder Orestes auf der griechischen Bühne verfolgen – »Ich bin aus Tantalos' Geschlecht«, das versteht auch der moderne aufgeklärte Mensch. Wenn es mythische Kunde ist oder in der Kunst der Dichtung und der tragischen Mimesis gestalthaft begegnet, wird der solcher Heimsuchungen kundige Arzt nicht immer solche Aussagen der Kunst sich zu übersetzen wissen und mag eher wie in dem klassischen Fall reagieren, als bei der Uraufführung von Gerhart Hauptmanns »Vor Sonnenaufgang« eine sich lange hinziehende Geburt und ihre Wehen vom Hintergrund aus die dramatische Szene qualvoll beherrschten. Da warf ein Arzt schließlich als Zuschauer voll Empörung eine Geburtszange auf die Bühne. Das war am Ende des vorigen Jahrhunderts.

Ob auf der Bühne oder in der Erfahrung des Berufslebens, begegnet dem Psychiater solche Unverständlichkeit und Unheimlichkeit, die ihm Wahnsinn als seelische und geistige Erkrankung bedeutet. Aber anders als sonst bei ärztlicher Diagnose ist für den Psychiater schon die Kategorie der Erkrankung, die ich ganz selbstverständlich gebrauche, nicht in dem gleichen Sinne eine eindeutige Gegebenheit. Sonst stellt der Arzt die Diagnose, wenn der Patient ihn aufsucht, weil ihm etwas »fehlt«. Daß ihm etwas fehlt, dadurch allein ist für den Patienten Gesundheit und Krankheit definiert, auch wenn es sich herausstellt, daß ihm gar nichts fehlt. So ist im allgemeinen die Krankheitseinsicht – wenn auch vielleicht eine irrige – das erste, was einen zum Arzt führt. Dagegen hat es der Psychiater vor allem damit zu tun, daß dort die Krankheitseinsicht selbst erkrankt ist, oder gar, daß der Arzt es mit dem eingebildeten Kranken oder dem Simulanten zu tun hat, der sich von sich aus aller Verständigung zu entziehen sucht. So weicht die hermeneutische Aufgabe des Psychiaters weitgehend von dem ab, was sonst jede ärztliche Behandlung einer Krankheit seitens des Arztes einschließt, und dazu gehört eine noch so flüchtige menschliche Partnerschaft. Das scheint hier verwehrt. Selbst die psychosomatischen Grenzfragen bei Krankheitsfällen finden beim Patienten in der Regel Widerstand, durch den sein Unbewußtes sich zu schützen sucht. Auch daran zeigt sich die dem Psychiater wohlbekannte hermeneutische Sonderproblematik seines Berufes, sich verständigen zu müssen, auch wenn der Patient sich entzieht. Sie bestätigt sich auch daran, daß es für das psychoanalytische Heilgespräch als unerläßliche Vorbedingung erfüllt sein muß, daß der Patient aus eigener Krankheitseinsicht zum behandelnden Analytiker geführt wird.

Unter sozialpolitischen Gesichtspunkten ist in den letzten Jahrzehnten, vor allem seit Foucault, der Begriff der Geisteskrankheit und seelischen Abartigkeit neu zum Problem geworden. Gewiß läßt sich nicht leugnen, daß ein gesellschaftliches Normbewußtsein, und ein entsprechendes Verhalten von seiten der Gesellschaft als ganzer, den Krankheitsbegriff dieser Art immer mitdefiniert und problematisch macht. Wir Geisteswissenschaftler und Philosophen kennen das Problem vor allem unter dem bekannten Stichwort »Genie und Wahnsinn«. Gerade bei Künstlern und Künstlermenschen, die von je her an den Rändern der Gesellschaft dahinleben, findet sich eine Abartigkeit, die die Grenzsetzung zum Problem macht. So ist die Rede von der geistigen Umnachtung – vielleicht nicht so sehr von seiten des Arztes als vom Standpunkt des Kulturlebens – in manchen Grenzfällen sehr umstritten. Da haben wir in Deutschland etwa den Fall des Dichters Friedrich Hölderlin. Von seinem dunklen Ende her ist ein großer Teil seines dichterischen Werkes den Zeitgenossen so unverständlich und so abwegig erschienen, daß selbst seine Freunde, bei der nachherigen Ausgabe, viele seiner bedeutendsten Dichtungen ausgeschlossen haben. So ist ein wichtiger Teil des Hölderlinschen Werkes, das seinen späteren Lebensjahren angehörte, bevor die volle Verdunkelung seines Geistes eintrat, erst in unserem Jahrhundert wiederentdeckt worden. Als ein wahrer Zeitgenosse hat er die Dichtkunst unseres Jahrhunderts inspiriert. Selbst die Gedichte aus den spätesten Jahren, die unzweifelhaft aus der Zeit seiner vollen geistigen Erkrankung stammen, haben inzwischen abermals Epoche gemacht. Die von der neuen Forschung im Falle Hölderlins diskutierte Alternative, ob es sich um echte oder um simulierte Geisteskrankheit handelt, ist hier am Ende eine falsch gestellte Frage. Es gibt auch den Übergang von dem letzteren zu dem ersteren, wie etwa im Fall Heinrichs IV. von Pirandello. Nicht sehr anders ist es aber auch im Falle Friedrich Nietzsches. Zwar ist hier die Krankheit selbst nicht kontrovers, sondern nur die Entstehung und damit auch die Ursachen derselben. Um so mehr ist aber die Trennung von Wahn und Sinn in Nietzsches späten Schriften ein höchst schwieriger und immer wieder zu neuen Lösungen einladender Grenzfall. Ist es noch verständlich oder ist es unverständlich, wenn Nietzsche als »Dionysos oder der Gekreuzigte« unterzeichnet hat? Der Begriff der Verständlichkeit erweist sich als äußerst vage. Auch im Falle der Psychoanalyse, wenn sie die Trümmer des Traumlebens zu Sinnzeugnissen zusammenfügt, fängt der Begriff der Unverständlichkeit an zu verschwimmen. Der Psychiater kennt aus seiner gutachterlichen Tätigkeit die Schwierigkeit solcher Grenzziehung aus einer fast alltäglichen Praxis, und in Gerichtssachen gewinnt sie ein das Gewissen bedrückendes Gewicht, wenn es dabei um Zurechnungsfähigkeit und Straffähigkeit geht. Ebenso dürfte inzwischen die Verbreitung der Drogenkrankheiten und der Suchtkrankheiten unsere Augen noch mehr geschärft haben, so daß die Übergänge von göttlichem Wahnsinn, Liebesleidenschaft, Eifersucht, Haß und Freundschaft bis zu den Grenzen der Unzurechnungsfähigkeit ein fast unlösbares Problem geworden sind.

Nun wird der Psychiater unserer Tage, der über das unendlich feine Instrumentarium des Messens und der Datenbeschaffung verfügt, sowohl für die Krankheitsbefunde wie für die Findung der rechten Mittel ihrer Behandlung von ganz anders massiven Objektivierungen beherrscht. Von da aus gesehen, möchten die erörterten Grenzfälle fast wie bloße Randerscheinungen aussehen. Indessen, das unheimliche Dunkel, das über der geistigen Erkrankung liegt, verliert durchaus nicht seine Unverständlichkeit, wenn dem Arzt Möglichkeiten der Beherrschung der Krankheit, zum Beispiel durch Psychopharmaka, zur Verfügung stehen. Die Partnerschaft zwischen Arzt und Kranken bleibt auch in vielen solchen Fällen durch eine unüberschreitbare Kluft getrennt. Zu ihrer Überbrückung kann, scheint es, keine Hermeneutik hilfreich werden – und doch muß die Partnerschaft zwischen Mensch und Mensch auch im Falle der schwersten Fälle vom Arzt – und, wer weiß, vielleicht auch für den Kranken? – ihr Recht verlangen.

Albert Camus erzählt einmal die folgende Geschichte. In einer Nervenheilanstalt sieht ein vorübergehender Arzt, wie einer seiner Patienten mit einer Angel in der Badewanne fischt. Eingedenk der unaufhebbaren Partnerschaft zwischen Mensch und Mensch fragt der Arzt den Patienten im Vorbeigehen: Nun, beißen sie an? Der Kranke antwortet: Idiot. Siehst du denn nicht einmal, daß es eine Badewanne ist? Wie da die Fäden hin und her gehen. Im vollsten Wahn volle Klarheit. Was für ein unüberbrückbarer Abstand zwischen der leutseligen Herablassung, die in der Absicht des Scherzes liegt! Und welch ein Absturz! Wer ist hier der Idiot? Wir sind es ja immer ein wenig, wenn ein anderer einen Scherz nicht versteht oder etwas mit Ironie Gesagtes wörtlich nimmt. Und doch, wie sollte hier der Arzt nicht versuchen, an Sinnbruchstücke anzuknüpfen, die ihm an dem anderen begegnen. Er vermag ja das Jagdfieber und dessen Faszination zu verstehen und wird die Wahngewalt, die darin herrscht, wenigstens im Scherz ein wenig zu teilen suchen. Um etwas wenigstens zu teilen. Die Antwort des Kranken ist unbarmherzig. In ihm hat sich die Macht seines Wahnes so sehr verfestigt, daß er den Arzt abermals für einen Ignoranten hält, wie schon immer, weil er seine eigenen Wahnideen nicht teilt und nicht glaubt. Die Geschichte spiegelt ausgezeichnet, wie die Sinnteilnahme an einem Gestörten gefährlich ist und ständig mit Verstrickung droht. Die ganze Unheimlichkeit des Abgrundes, der einen von dem Kranken trennt, tut sich auf. Für den Gestörten ist des Arztes Überlegenheit nichts als Ignoranz. Der Widerstand des Gestörten, der seine fixe Idee verteidigt, macht den Wissenden zum Ignoranten.

Im Grunde kann das nicht überraschen. So starre Begriffe, wie der der Unverständlichkeit, und gar von einer solchen, an der alles Verstehenwollen notwendig scheitert, sind in den Bereichen des menschlichen Lebens nahezu unangemessen. Auch die Begriffe von Gesundheit und Krankheit beschreiben Lebensphänomene, Aspekte der flutenden Lebendigkeit, die unser Lebensgefühl mit seinem Auf und Ab begleitet. Dem gerecht zu werden verlangt vom Arzt, in der Diagnose wie in der Behandlung, noch anderes als wissenschaftliche und technische Kenntnis und berufliche Erfahrung. Gewiß wird der Arzt das ganze Instrumentarium der heutigen Medizin und das der Kliniken einsetzen, um von objektiven Maß- und Prüfungsergebnissen bei seiner Diagnose ausgehen zu können. Er wird auch bereit sein, die Norm- und Standardwerte der Resultat-Beurteilung mit Liberalität zugrunde zu legen, weil er weiß, daß gewisse Abweichungen temporär oder überhaupt bedeutungslos sein können. So wird die Diagnose einwandfrei sein, wenn die Sache nicht zu ungewöhnlich liegt. Aber das ist nicht alles.

Ich kannte einen berühmten Pathologen, der mir eines Tages sagte: »Wenn ich krank werde, dann gehe ich zu meinem internistischen Kollegen (der auch ein berühmter Mann war) und lasse mir sagen, was es ist – und dann suche ich mir einen Arzt, der mich behandeln soll.« – Natürlich hat die Behandlung selbst wieder ihre Regeln und Rezepte. Aber bei einem guten Arzt kommen allerhand Faktoren hinzu, die die Behandlung in eine letztindividuelle Partnerschaft von Arzt und Patient überführen. Am glücklichen Ende steht Freigabe des Patienten und sein Wiedereintritt in den gewohnten Lebenskreis. Wenn es sich dabei um chronische Krankheiten handelt oder gar um hoffnungslose Fälle, die keine Heilung mehr erwarten lassen, dann geht es immer noch darum, die Leiden zu lindern. Damit wird der Anteil dieser nicht objektivierbaren Faktoren noch bedeutsamer. Schreckliche Probleme lasten auf dem Arzt, besonders bei der sogenannten Sterbensleitung. Wieweit darf der Arzt Leiden lindern, wenn er mit den Schmerzen auch die Persönlichkeit nimmt, ihr frei verantwortetes Leben und ihren Tod?

Wieder hat uns die Besinnung auf die Rolle der Hermeneutik innerhalb der Psychiatrie weit über die Grenzen dieses großen Faches hinausgeführt. Auch vom Standpunkt des Arztes aus läßt sich die psychophysische Einheit des Menschen nicht verleugnen. Ist es eigentlich ein Fehler, wenn einer Vereinigung von Psychiatern die Universalität der Hermeneutik bewußt wird? Sie wird dann dessen inne, daß ihre Wissenschaft keine weit ausgreifende Spezialwissenschaft der ärztlichen Wissenschaft und Kunst ist, deren steigende Potenz wir bewundern. Sie erkennt dann, daß die Fachgrenze gar nicht existiert, die in der eigenen Spezialisierung zu liegen scheint. »Die Seele« ist nicht ein Teilbereich, sondern das Ganze des leiblichen Daseins des Menschen noch einmal. Aristoteles hat es gewußt. Die Seele ist die Lebendigkeit des Leibes.

# Zu diesem Buch

*Theorie, Technik, Praxis*
  In: Neue Anthropologie, Bd. 1, Stuttgart/New York 1972,
  9-37
*Apologie der Heilkunst*
  In: Festschrift für Paul Vogler, Leipzig 1965, und in: Kleine
  Schriften I, 211-219
*Zum Problem der Intelligenz*
  Philosophische Bemerkungen zum Problem der Intelligenz.
  In: Der Nervenarzt, 7, Heidelberg 1964, 281-286 (Vortrag
  auf der Tagung des Gesamtverbandes Deutscher Nerven-
  ärzte in Wiesbaden im September 1963)
*Die Erfahrung des Todes*
  In: Gesammelte Werke 4, 288-294 (Rundfunkvortrag für
  das Heidelberger Studio des Süddeutschen Rundfunks am
  10. Oktober 1983)
*Leiberfahrung und Objektivierbarkeit*
  In: Festschrift aus Anlaß der Verleihung des Dr. Margit Eg-
  nér-Preises 1986, Dr. Margit Egnér-Stiftung 1986, 33-43
*Zwischen Natur und Kunst*
  In: Viktor von Weizsäcker zum 100. Geburtstag (Schriften
  zur anthropologischen und interdisziplinären Forschung in
  der Medizin, Bd. 1), hrsg. von Peter Hahn und Wolfgang
  Jacob, Berlin/Heidelberg 1987, 45-50
*Philosophie und praktische Medizin*
  In: Das Philosophische und die praktische Medizin (Brük-
  ken von der Allgemeinmedizin zur Psychosomatik, Bd. 4),
  hrsg. von Helmut A. Zappe und Hansjakob Mattern, Berlin/
  Heidelberg 1990, 37-44
*Über die Verborgenheit der Gesundheit*
  In: Erfahrungsheilkunde, Acta medica empirica: Zeitschrift
  für die ärztliche Praxis, Bd. 40, Nr. 11, 1991, 804-808

*Autorität und kritische Freiheit*

Über den Zusammenhang von Autorität und kritischer Freiheit. In: Schweizer Archiv für Neurologie, Neurochirurgie und Psychiatrie, Bd. 133, H. 1, Zürich 1983, 11-16

*Behandlung und Gespräch*

Unveröffentlicht

Vortrag im Rahmen einer Tagung über das Werk des Neurologen und Psychiaters Alfred Prinz Auersperg im September 1989 in Oettingen

*Leben und Seele*

Unveröffentlicht

Vortrag an der Universität Zürich im Sommersemester 1986

*Angst und Ängste*

Unveröffentlicht

Vorgetragen auf dem Heidelberger Kolloquium über das Problem der Angst unter Leitung von Hermann Lang 1990

*Hermeneutik und Psychiatrie*

Unveröffentlicht

In englischer Übersetzung vorgelegt bei dem psychiatrischen Kongreß in San Francisco 1989

# Bibliothek Suhrkamp

Verzeichnis der letzten Nummern

# Bibliothek Suhrkamp

Alphabetisches Verzeichnis